あいまい・ぼんやり語辞典

Aimai Bonyari

森山卓郎 編

東京堂出版

はじめに

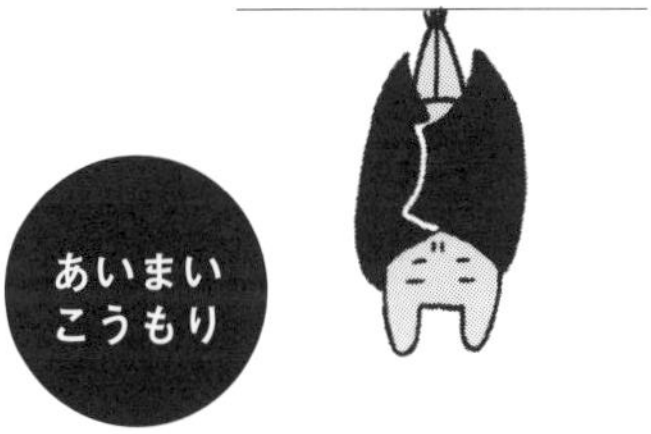

日本語には、二通り以上の解釈ができて意味が一つに決まらない「曖昧《あいまい》な語（表現）」や、指すところが漠然としていて、解釈に幅ができてしまうような「ぼんやりとした意味の語（表現）」があります（ただし「曖昧」と「ぼんやり」の境界はいつも明確であるとは限りません。また、特に「曖昧」「ぼんやり」を区別せず、広い意味で「曖昧」ということもよくあります）。構造による曖昧性もありますが、語として注意すべきものもいろいろです。使い方に注意が必要な多義語や同音異義語、発音すれば違う意味やニュアンスになるのに、文字で書くとその違いがわからないという言葉、何気なく使っているけれど、その解釈が微妙にずれてしまうという言葉、そして、もともと意味がぼんやりした広がりを持っていて、ある場合にそれが問題になるという言葉などです。そういう「あいまい・ぼんやり語（表現）」

は、当然、誤解の原因にもなりがちです。正確・的確に言葉を伝え、その意味をはっきりさせたいときには、特に注意が必要でしょう。

本書はそうした言葉を集めた辞典です（厳密な意味での「語」だけでなく、語句や関連表現の例の場合もあります）。どういう曖昧さ・ぼんやり性があるのか、背景は何か、明確にするにはどうすれば良いのか、といったことを取り上げています。いわば、コミュニケーション上の「交通事故」を防ぐ安全教本の一つとも言えます。また、逆に、あえてはっきり表現しないことで、深い配慮を表すこともありますが、そういう表現のヒントともなっています。もちろん、「どういうところが曖昧なのかな？」というように、言葉の意味をあれこれ楽しく考えていくためのガイドブックにもなります。日本語教育や国語教育などにおいても役立てて頂けますし、広報関係などさまざまな仕事の参考にもなるはずです。日本の文化や社会を考える上での切り口の一つになることもあると思います。本書は辞典形式なので、どこから読んで頂いてもかまいません。

もっとも、考えてみれば、「あいまい・ぼんやり語」に限らなく

はっきり
ねこ

ても、日常私たちが使う言葉というものには、多かれ少なかれ、曖昧な側面・ぼんやりした側面があるものです。例えば「水！」と言う場合でも、「これは水だ！」「水をくれ！」「水に注意しろ！」など、場面や状況によってさまざまな解釈ができます。また、「水」と「お湯」との境界も明確なわけではありません。「海水」「真水」の区別をする「水」の場合もそうでない「水」の場合もあるでしょう。私たちはいつも厳密に定義して言葉を使うわけではありません。日常生活での言葉の使い方には、個人差、地方差や年代差もありますし、状況による柔軟性もあります。

その中で、「あいまい・ぼんやり語（表現）」は、その「曖昧さ」「ぼんやり具合」が特に問題になりやすいものです。意味や用法に幅があり、解釈の可能性を考える上で注意が必要な言葉です。意味について考える上で最適な例とも言えます。

さあ、「曖昧やぼんやり」（「曖昧とぼんやり」？）を楽しみ、また、分析し、豊かな言葉の楽しい世界（楽しい言葉の豊かな世界？）を考えていきましょう。

あいまい・ぼんやり語辞典

目次

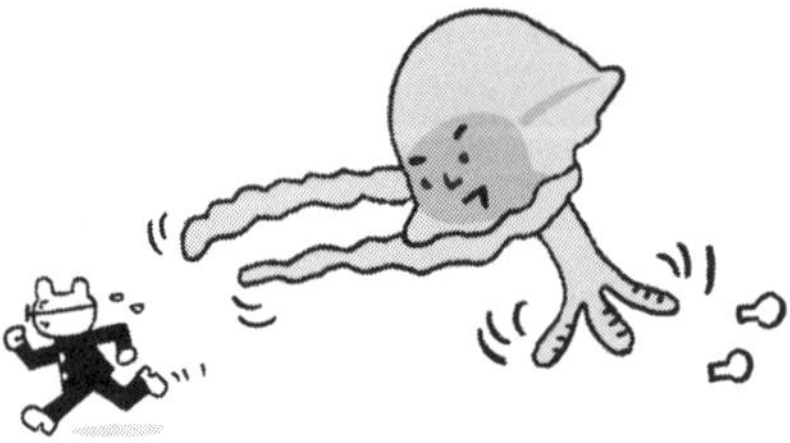

凡例

＊…本文中で引用、参照している文章の出典

★…当該項目についての参考文献および関連項目

全体に関係する参考資料と参考文献は巻末参照。

あいまい・ぼんやり語辞典

ああ

その意味は、長さと高さに託される

「ああ」は、日常生活のいろいろな場面にあらわれ、発音の長さや音調の違いによって、非常に多くの意味を表す。「あー（っ）」の意味について、のべ三〇パターンに分類する研究もある。*それだけ多彩な「ああ」であるが、ここでは代表的な用法を取り上げたい。

①「ああ、君、ちょっといいかな」
②「ああ、きれいだなあ」、「ああ、くやしい」、「ああ、楽しかった」
③「ここをクリックすると、オンライン会議に参加できます」「ああ、こうするのか」
④「俺の分のジュースもいっしょに買ってきてくれない？」「ああ、いいよ」
⑤「痛えな、どこに目をつけて歩いてるんだ」「ああ？　ケンカ売ってんのか？」

①は、呼びかけたり、話しはじめに言いよどんだりする際にあらわれる、前置きとしての「ああ」であり、中年以上の男性に用いられることが多い。同じ高さで二拍分が発音され、比較的低い声となる。

②は、いわゆる感動の「ああ」である。二拍目が一拍目より低くなるか、あるいは同じ高さで

発音される。喜びから憤慨《ふんがい》まで、さまざまな感情の吐露《とろ》となる。

③の「ああ」は、一拍目から二拍目にかけて明確に下がり、まわりの環境や対話者から情報を受容したことを表す。そのため、「ああ、なるほど」「ああ、そうですか」（→「そうなんですね」86ページ参照）というように、得心・理解の表現が続くことが多い。

④は、対話者からの疑問や依頼などに対する肯定の返事として用いられる「ああ」である。音調としては③と同様であるが、③が三拍以上の長さでゆっくり下がっていく発声となり得るのに対し、④は二拍より長いと不自然である。主に男性に用いられ、フィクションにおいては「ああ。」という単独の発話で返事をすることも多く見られるが、日常会話では自然とはいい難く、「スカし」ているように受け取られそうである。

⑤は、④の疑問形にあたるもので、相手の発話を受けて、抗議の気持ちからすごんでみせるときに上昇調であらわれる。「はあ」（→138ページ参照）と似ているが、「ああ」は、「わかってんのか、ああ？」のように、相手の発話がなくとも、自分から威圧《いあつ》するのに使われることもある。

以上は、「ああ」が表す意味のほんの一部にすぎない。「あーあ、説明するには全く紙面が足りないな」などと嘆く場合には、三拍分の長さがある上に、一度下がってから上がるという複雑な音調を示す。『あゝ野麦峠《のむぎとうげ》』（山本茂実《やまもとしげみ》）について、「感動」の「ああ」と言ってしまうのはたやすいが、その感動を具体的に分析することは、……ああ、難しい。

（石川 創）

＊浅田秀子『現代感動詞用法辞典』東京堂出版　2017年

青

灰色でも緑でも「青」

虹の色をよく見ると彩りの一つ一つがグラデーションをなしていて、ここまでが何色《なにいろ》であると厳密《げんみつ》に線引きができないことがわかる。人間が目で見ることができる光を可視光線《かしこうせん》というが、この可視光線にはさまざまな波長の成分が入っており、私たちはそこに異なる色を見ているのである。日本語文化では虹は七色、英語文化では六色という話も、虹自体の色数に違いがあるのではなく私たちの言葉で色の名前がいくつに分けられているかの違いと考えられる。

日本では古来、赤・黒・白・青の四つの区別だけを持っていた。ゆえに古く派生した形容詞にも赤し、黒し、白し、青しと四つが揃《そろ》っている。現在なら緑、ピンク、茶色など多くの色彩語があるが、これらは別の名詞などから転成したり、外国語から借りてきた新しい語である。このため、古くは一つ一つの色彩語の示す範囲が現代よりも広く、それが語義としての曖昧《あいまい》さを生んでいる。例えば、「青馬《あおうま》」は多くの辞書では淡青色、淡灰色を帯びた馬と定義されている。平安時代の漢和辞書である享和《きょうわ》本『新撰字鏡《しんせんじきょう》』には「驄　馬白色又青色　阿乎支《あをき》馬」とあって、「あお

き馬」が「白または青」と説明されている。元来、青は白と黒の中間の不鮮明な色を表していたようで、現代で言う青、緑、藍《あい》なども広く含んでいたと考えられているのである。ゆえに「草木が青々と茂る」は緑、「空に広がる青雲」は灰色、「青あざ」は黒ずんだ色を表しているし、緑がかった色でも「青信号」と私たちは認識するのである。

色彩語の発達によって細かな色の違いを言葉の上に表すことができるようになると、より狭く限定的な色を示すことができるようにもなる。例えば緑という色彩語の定着によって、青はより狭義の青色を指し示せるようになった。外来語のブルーは青とほぼ同じ意味と見て良さそうだが、「ブルーのシャツ」など外来語の修飾語との相性が良い。

ところで色彩語は色の表示のほかに、私たちに特定のイメージを喚起《かんき》する。「青白い顔」「青ざめる」「青息吐息《あおいきといき》」は生気のなさ、「青二才」「青臭い意見」「青田買い」は年が若くてまだ成長していない様子や未熟、未発達なさまを表すなど、そのイメージはネガティブなものである。このイメージは古くからあるようで、平安文学の描写においても沈んだ気持ちや不気味な感じなどをともなう場合に「青」が用いられたそうだ。「青い海」「青い空」など清涼感をともなうイメージは新たなものであるという（『図解日本の語彙』*「色彩語」の項目）。「ブルー（な気分）」が憂鬱《ゆううつ》さを意味するのは、原語（英語 blue）に備わる多義性によるものであろう。（加藤大鶴）

＊沖森卓也ほか『図解日本の語彙』三省堂　2011年

★佐竹昭広「古代日本語に於ける色名の性格」『国語国文』24-6　1955年

ある意味　ある意味で

どんな意味やねん？

「ある意味」「ある意味で」は、場面を問わず耳にする言葉である。でも、「ある意味」っていったいどんな意味なのだろう。気になり出すと謎である。

「ある」は、何かを漠然《ばくぜん》と指すのに使われる。特定のものをさしながらも、それをはっきり示さない言葉である。つまり「それとは別の『ある』意味」なので、「考えようによっては」「解釈次第では」ということになる。一〇〇％同意することはできないが完全に否定するわけでもないときに「ある意味で合理的な考えですね」と曖昧《あいまい》に述べたり、逆に完全否定は避けたい場面で「ある意味、実効性が疑わしい」などと言ったりすれば、無難《ぶなん》にその場をしのぐことができるのである。断定を避けることで責任を追及されない、そんな便利な表現である。そんな理由もあってか、会議や国会でもよく使われている。

国会会議録検索システムで調べると「ある意味」は九万例以上ある（二〇二二年現在）。第一回国会（一九四七年）からの一〇年は「ある意味において」、その後の約五〇年は主に「ある意味で」という形で使われている。そして二〇一〇年代から「ある意味」が爆発的に増え、二〇二〇年以降は「ある意味」が「ある意味で」の二倍以上となっている。二〇二〇年代はじめには、連体詞「ある」の使い方について「ある意味、それは正しい」を「新しい使い方」と注記する辞書[*1]や、「ある意味」を副詞として見出しに立て、「話し言葉」とラベルを添える辞書[*2]が刊行されている。

「で」が脱落して副詞的に使われる「ある意味」は、特に若い世代の間では「ある意味で」にはなかった新たな意味用法も加わっているようだ。そこで、大学生（女子）に「ある意味」の例文に解釈も添えて作成してもらった。

ある意味わかりやすい説明だった（ふつうではわかりにくいが、個人的にはわかりやすい）

ある意味天才的発想だ（本来とは違う方向に優れている）

この二例のポイントは「ふつうと違う」少数派というニュアンスである。また、「あの簡単なテストで二点しか取れなかったのはある意味すごい」のような使い方で皮肉や批判をほのめかす、というタイプの例が一定数集まった。そのほか、「ある意味そういうこと」（言いづらいときオブラートに包む感じで使う）という例も報告された。国会会議録にも「ある意味使い勝手と言いますか……」「ある意味、そんな意味で……」などの例が見つかった。

「ある意味」は、意図して曖昧に意見を述べる場合に限らず、無意識に口にされる前置きでもあるようだ。ある意味、取り扱い注意な言葉である。

（大塚みさ）

★加藤恵梨「会話で用いられる『ある意味』について」日本語言語学会　2020年
★坂梨隆三「『おられる』の補遺と『ある意味』『ある種』の用例」『帝京日本文化論集』18　2011年
＊1　北原保雄編『明鏡国語辞典』第三版　大修館書店　2020年
＊2　見坊豪紀ほか編『三省堂国語辞典』第八版　三省堂書店　2022年

ある程度

「ある程度」は実は「そこそこの水準」？

ある程度というのは、どの程度のことなのだろうか。「ある」は、「ある人」「あるところ」のように具体的なことを言わない表現だから、具体的に程度を言わないということだけを表すはずだ。その点では、「ある程度」というのは相当ぼんやりした意味しかないようにも思われる。しかし、「ある程度」の意味には注意すべき範囲がある。例えば、

「ある程度協力してもらわないと困る」と言われたので、ある程度掃除しておいた。

のように言う場合、「ある程度」はただのいい加減な程度ではない。一応の「想定される水準までの程度」という意味である。完全完璧でなくても良いが、「最低合格点」以上の程度である、といった意味はあるのだ。いわば「一定程度」「それなり」と同様で、特によくはなくても、実は「一定」以上の、いわば許容できる程度である。「ある程度掃除しておいてね」と言われて、ほんの少しだけ掃除して、「これも一つの程度」と言っても通用しない。きっと怒られるはずだ。

同じことは「そこそこ」（→160ページ参照）についても言える。「そ」がぼんやりした中身を指すのだが、

「そこそこお金を貯めている」
「そこそこ勉強ができないと合格しない」

のように言う場合、やはり特に良かったり多かったりするわけではないが、「最低合格点」以上の水準であって、ただ何でも良いというわけではない。ぼんやりした意味の語ではあるが、それなりの水準を要求する言葉なのである。

したがって、「ヘディングとは｛ある程度・そこそこ｝痛いものだ」のような客観的に程度を述べる用法を除けば、これらは基本的にマイナスの言葉で使われて、そのまま文が終わるとちょっと不自然である。×「ある程度頭が痛い」×「そこそこ失敗した」などとは言いにくい。

もっとも、「ある程度頭が痛くてもがまんできる」「そこそこ失敗したが、何とか対応できた」など、許容的な言い方をしたり、後続文を逆接的にしたりすれば表現として成立する。いわば「合格する範囲」を問題にすれば良いのである。「ある程度」「そこそこ」は許容範囲の水準を問題にしている点で、「ある程度」いい加減にしても良いという程度ではない。

（森山卓郎）

いいよ　いいですよ

正反対の意味に

　文字で書かれた場合、「いいですよ」の意味は曖《あい》昧《まい》である。発音する場合にはこの意味の違いが明らかになる。「そんなプレゼントはいいですよ↘」（不要・謝絶）と言えば、利益をともなう勧めへの断りを表す。このように、意見の違いがある場合の「よ」は下がることが多い。

　一方、何かを頼まれて、「はい、いいですよ↗私やっておきますよ」（承諾）の場合は、お願いの受け入れという意味である。この場合は、相手に知らせるような「よ」で、上がるイントネーションである。

　ゲームの体験版の勧誘を受け、「いいですよ」と

言う設定で、「やってみませんか」→「いいですよ」の「いいですよ」の解釈と「よ」の音の高さを調べたところ、表のように、「いいですよ↗」とすると承諾の意味で、「いいですよ↘」と下げると、「ノー、サンキュー」の意味で解釈される傾向がある。

	やる	やらない	わからない
下50ヘルツ	34(43.6%)	44(56.4%)	0(0%)
上50ヘルツ	66(84.6%)	10(12.8%)	2(2.6%)

（「やる」解釈　n=78）

では、「いいですよ」がなぜ正反対の意味になるのだろうか。まず、「よ」は特に相手に親しく何かを知らせるような場合に使われることが多いが、特に、下げる場合の「よ」は、相手と意見が違うというニュアンスを持つことが多い。それで、言われた側に利益があるような申し出に対して、

（相手のお勧め、心遣いを言われたが、私には言わなくて）いいですよ↘

のように下がる「よ」は、相手の意向と違うというニュアンスで、断る意味となる。

一方、上がる「よ」は、ふつう相手に何かを知らせるという意味を持つ。

（相手から何か負担になることを頼まれた、喜んで承諾を知らせたい）いいですよ↗

のように、頼まれた場合、相手にしっかり知らせたいという思いを表す点で、承諾の意味となる。

逆に、「よ」をつけない場合、「いいです」とだけ言えば、伝えたい思いが消えるので、断る意味として解釈されやすくなる。

「いいですよ」と書くとき、少し意味に気をつけた方がいいですよ。

（森山卓郎）

遺憾

自分を守る常套句《じょうとうく》

「遺憾《いかん》」は日ごろの家族や友達との会話ではめったに使わないが、テレビのニュースなどで耳にすることは多い。新聞でもよく見かける。大学生七九名に「この言葉を聞いて思い浮かぶ場面」を複数回答可として選んでもらったところ、政治家による「批判」場面（六七％）、次いで企業トップによる「謝罪」場面（五八％）という結果になった。

しかし、この言葉は政治家や経営者だけが使うわけではない。この語の本来の意味は、「期待通りではなく残念な気持ち」である。例えば「遺憾ながら死傷者は増えるだろう」「誠に遺憾ながら開催を断念します」などと使う。この意味から生まれたのが、以下の①②である。

①「今回の発言は誠に遺憾だ」「領海に侵入したことは誠に遺憾であり、受け入れられない」

②「○○党の議員として決してあってはならないことであり、誠に遺憾であり、到底許されることではない」「多くの疑問や心配を招き、深く遺憾の意を表する」

①は相手の行動に対する不満や非難の意味である。②よりも古く一九世紀末の新聞記事にも例が見える。国会会議録には第一回国会（一九四七年）以降、多数の例がヒットする。

②は、自分側の取り返しのつかない行動について使われる、と言っても、①との違いがわかりづらい、いや、ほぼわからないのではないだろうか。どちらも実例だが、一文目はこのあとに「誠に申し訳なく、心からお詫びを申し上げる」と続く。つまり、「遺憾」だけでは謝罪には至らない。謝罪会見でよく使われるものの、実際には「謝罪に似せた釈明」にすぎないといったところだろう。

①②ともに「誠に」「極めて」などで強調したり、「遺憾の意を表する」「遺憾（だ）。」の形で使ったりと、パターンやリズムが似ている。それもあってか、その部分を見たり聞いたりしただけではどちらの意味なのか判断しにくい。英語で相手の言ったsorryが「ごめんなさい」か「お気の毒です」かわからない場合、どちらにも取れる「遺憾」と訳せば無難*という話もある。

ところで、中国語の「遺憾」は「残念」に近く、「試合に負けて～だ」「志望校に合格できなくて～だ」という日常の場面でも使えるそうだ。子どもたちに人気を博した「ざんねんな」事典シリーズの中国語タイトルも、「遺憾的」と訳されている。

「遺憾」は「不徳のいたすところ」と並んで決まり文句、常套句となりつつある。受け手側もつい暗黙の了解で受け流しがちである。ひょっとしたらそれを期待して使われているのかもしれない。これでは気持ちは伝わらず、コミュニケーションが成り立たない。そんな事態は甚だ遺憾だと言うほかない。

（大塚みさ）

＊藤崎一郎『まだ間に合う　元駐米大使の置き土産』講談社現代新書　2022年
★神永曉「日本語どうでしょう」第393回「『遺憾』は政治用語ではない」
https://japanknowledge.com/articles/blognihongo/entry.html?entryid=411

行けたら行く

期待はどれくらい？

A「明日、〇〇〇があるのだけど、来ない？」
B「うん、行けたら行くね」

――「行けたら行く」って、どういうこと？「行けなかったら、当然、行かない」わけだから、「行けたら行く」というのは、当然と言えば当然だ。しかし、よく考えてみると、この表現にはちゃんと深い意味がある。「行けたら」というのは仮定の表現。仮定として、「行けない」場合がちゃんと想定されている。つまり意志はともかく、「行けない」ことも十分あり得る、という返事である。「行けない可能性」はしっかりと表現されている。それと「行けたら」という仮定条件はあるが、「行く」意志はあるということも示されている。

その意味の解釈はどうだろう。都内の大学生五八名（うち女性四〇名）に、「明後日の、徒歩一〇分ほどの場所での、自分が企画に少し関わっている午後六時からの無料のコンサートに誘った」として、「親しい友達」の返事による「行く」期待度（％）を聞いてみたことがある。まず、「行く」という返事なら平均で九〇％の期待度（中央値九五％）。「行くと思う」なら七一％（同八〇％）。一

方、「行けたら行く」の期待度はなんと三二%（同三〇%）だった。「行けたら行く」という返事は曖昧《あいまい》ながら、実は可能性がかなり低いと解釈されるようだ。地域差もあるだろうが、都内ではほとんど期待されない返事と言える。

表現	期待度平均	中央値	標準偏差
行けたら行く	31.84	30	19.47
わからないけど行くと思う	62.91	70	20.10
行くと思うけどわからない	44.79	50	21.87

ついでに、「行くと思うけどわからない」「わからないけど行くと思う」という順序の違う表現での解釈についても調べてみた。前者は四五%（中央値五〇%）、後者は六三%（同七〇%）の期待度だった。内容は同じでも結構差がある。最初の「わからないけど」はいわば注釈的に解釈されるのに対し、あとの「わからない」はおそらく結論的に解釈され、期待度が下がるのだろう。表現の順序は意外に大切だ。

さらに、断りは相手によっても違う。別の調査で学園祭への出演依頼に対する「考えておく」の期待度を関西の大学生に聞いたことがあるが、「親しい友人」で五六%だが、「ほとんど知らない教授」だと三二%だった。

誘われたときの返事は、ある意味では曖昧だが、それなりの「解釈の相場」はあるのかもしれない。まあ、ある程度、わかるときはわかるというのが日本語のコミュニケーションと言って良いのかもしれない。

（森山卓郎）

★森山卓郎「「断り」の意味論と国語教育」『ひつじ意味論講座7　意味の社会性』ひつじ書房　2015年

いけない

コンサートには行けない？　行ってはいけない？　行くのはいけないこと？

「いけない」（行けない）は、動詞「いける」（行ける）に打ち消しの「ない」が付加した形式で、「明日はコンサートにいけない」のように、「行く」ことが不可能であることを表す。ただ、同じ「いけない」だが、①「規則を破ることはいけないことだ」のように、単純な可能動詞「行ける」の打ち消しの意にならず、「良くない」意で一語の形容詞のように働くケースがある。『日本国語大辞典』第二版や『岩波国語辞典』第八版では「いけない」の出自を重視して「連語」としている一方で、『三省堂国語辞典』第七版や『三省堂現代新国語辞典』第六版のように、「形容詞」と分類している辞書もある。またさらに、状態を表す形容詞としてのみならず、②「規則を破ってはいけない」のように、行為の禁止を表す文末表現として用いられることもある。「行ってはいけない」のように「行く」と「いけない」が一つの述語表現の中で共存するのは、現代では両者が別物と意識されているからである。このように、同じ「いけない」がさまざまな用法で用いられる背景にはどのような事情があるだろうか。

『日本国語大辞典』第二版を見ると、「いけない」は江戸時代後期ごろから「良くない」意で用いられていることが推測される。「いける」の方も、同時期に、「することができる」「うまくできる」意や「いい」「美しい」「おいしい」の意で用いられている（後者は現代でも「この料理はいける」のように言うことができる）。「いける」「いけない」がこのような評価的な形容詞の意をも表すにあたっては、可能動詞としての「行くことができる」意と、「いける」に見られる「することができる」「うまくできる」意の近接性に関わりがありそうである。「行ける」から転じた話し言葉「イケてる」「イケてない」「イケメン」も同様であろうか。

ただし、このような形容詞的用法を持った「いける／いけない」であるが、両者が指す「良い／良くない」の評価のあり方には違いがある。「いけない」の方は、事態や人の行為などに対して低く評価し、時として他人を非難する意味合いを持つことがあるという点である。幕末期のもので「もういやなことばツかりお言《いい》だからいけないよ」（『春色連理の梅』五編一三巻・一八五〇年頃）のような例が見られる。現代語でも「いたずらしていけない子だ」と言ったときには、「子」をたしなめている姿が浮かぶであろう。これが他人の行為を低評価して非難する意が前面に出、文末で相手に対して働きかける言葉として用いられたとき、「規則を破ってはいけない」のような禁止の意を持つことになる。ちなみに、無益なさまを表す「だめ」や、「らちがあかぬ」が転じたとされる関西方言の「あかん」も、同じように文末で他人の行為に付加する場合には、「〜してはだめ」「〜してはあかん」と禁止の働きかけを表す。忘れてはいけない。

（市村太郎）

いらっしゃる

「行く」「来る」「居る」が全部一緒？

「いらっしゃる」で誤解が生まれることがある。例えば「会議に社長が来る」という予定になっているという文脈で、「社長は？」と聞くのに対して、「もういらっしゃいます」とだけ答えれば、すでに「会議室にもういる」ようにも、「もうまもなく到着する」のようにも解釈できてしまう。

また、移動の場合でも、「いらっしゃる」だけではその方向はわからない。「社長は明日いらっしゃる」は、「行く」かもしれないし「来る」かもしれないのだ。

「いらっしゃる」の意味は文脈から判断するしかないのだが、表現としての手がかりもいくつかある。まず、格助詞が手がかりになることがある。「○○へいらっしゃる」の場合は当然移動に限られる。移動先が「こちら」など自分側であれば「来る」として解釈できそうだ。

ただし、「に」の場合、移動先にも存在場所にもなる。次は「○○にいらっしゃる」で移動を表す例である。「ただ、AMIのプロジェクトとしては初めて日本にいらっしゃるということで、（略）[*1]」この場合、「初めて」のように「どのようにできごとが起こるのか」という動きの修飾が

あるが、こうした修飾のあり方も参考になる。「居る」の解釈にはならない。

逆に、「公務員でいらっしゃる」のように「○○で」という形に続いて状態を述べるような場合、ふつうは存在や断定的な意味を表す。次のように、「○○の中にいらっしゃる」という一種の所属関係を表す場合も存在としての用法だとわかる。「犯罪を犯した方の中にそういう方がいらっしゃるケースというのも（略）[*2]」（国会会議録[*1]一九九八年二〇〇五年[*2]、書き言葉均衡コーパス）も存在である。

補助動詞として考える場合、すなわち「○○ていらっしゃる」と続ける場合、「ている」の意味になる。「走っていらっしゃる」のふつうの解釈は「走っている」であろう。「走って来る」「走って行く」に「いらっしゃる」は使わない。もっとも、「走って、行く」のように「走って」＋「いらっしゃる」と、間にポーズを置けば「行く、来る」の意味で解釈できる。「これからここで商売をしていく」「前からここで商売をしてきた」のような時間にかかわる用法の尊敬表現の場合でも同様である。「ていく」「てくる」はふつう「ていらっしゃる」にはしない。「していかれる」「してこられた」のような形にするのである。

尊敬表現として表現すると、意味的に行くのか来るのか居るのかがわからなくなるのが本動詞としての「いらっしゃる」。注意していらっしゃいますか？

（森山卓郎）

うそをつけ

え？　本当にうそをつくよう命令している？

「うそをつけ！」には、二つの意味がある。文字通りのうそを言うことの命令文の形と、うそをつくな、に相当する意味とである。後者のような「うそをつくな」の意味での「うそつけ」は少なくとも江戸時代からあるようだ。

女郎「どこざんすへ」ムスコ「神田の八丁堀サ」女郎「うそをおつきなんし。よくはぐらかしなんすヨ」（洒落本『傾城買《けいせいかい》四十八手《しじゅうはって》』山東京伝　一七九〇年）

この場合、例えば、「するのだ」「してくれないか」「するように」などによる命令文としての言い方はできない。すなわち、「うそをつくのだ」「うそをついてくれないか」「うそをつくように」などと言ってしまうと、本当にうそをつくことを要求することになってしまう。

「うそをつくな」と「うそつけ」は同じような文脈で使うことができるが、違いはある。「今から正直に言いなさい。うそはつくな」のように取り調べの始まりの部分では、「うそつけ」は言えない。相手がうそを言ったあとでないと言えないのが「うそつけ」なのである。

では、なぜうそをつくなという意味で「うそをつけ」と言うのだろうか。こうした表現のしく

みとして考えられるのは、「いくらでもうそをつけ、どうせわかっているからだまされないぞ」のような意味である。通常、命令文はその内容を話し手が望んでいる。「うそをつけ」の場合はそれとは一見違うようにも見える。しかし、あとに続く言葉を考えると、相手のマイナスの行為や態度に対抗して、ある意味で、それでも構わないぞ、というように放任ないし許容する意識を示すことになる。これは、話し手が自分をより強く見せることにもなる。

したがって、「うそをついたらいい」もある。本当に「うそをついたらいい」ということではなく、これも、「うそをつきたければ、うそをついたらいい、だまされない」のような意味である。

これとよく似ているのが、「勝手にする」の命令表現や許可の表現である。「勝手にしろ。勝手にしたらよい」のような用法がある。これも「うそをつけ」と同じしくみの表現と言える。英語でも"Do it your way!"のような放任的表現があって、同じような発想である。

さらに、「もうどうにでもなれ」のようなものもある。ただし、「どうにでもなれ」の場合、マイナスの状況に対抗する文となっていて、それでも構わないぞ、という意識はあるのだが、状況を何とかコントロールすることをやめる点で、これには強がり感というよりも、やけくそ感である。強がりとやけくそには発想としての連続性があるのかもしれない。

（森山卓郎）

うまい

うまいのは味だけではない

「うまい」はいろいろな意味で、かなり多くの場面で使われている。大きく意味を分けると次のようになる。

① 食物などの味が良い。
② 物事の状態が自分にとって好ましい。事態や事のなりゆきが、都合が良い。
③ 技術的に優れている。また、事の進め方などが巧みである。

最も古く基本となるのが①で、そこから②や③の意味が派生していったと考えられる。

①は、「うまい米」「この米はうまい」のように連体修飾語としても述語としても用いられる。丁寧な表現が「おいしい」で、対義の表現が「まずい」（→164ページ参照）である。「おいしい」という語が広まることで、「うまい」はよりぞんざいなニュアンスが加わっていった。

②は、①の「食物などの味が良い」の快い感触が比喩《ひゆ》的に発展したものと思われる。述語としてはあまり使われず、連体修飾語としての使用も「うまい具合」「うまい話」「うまいことに」のほかはあまり多くない。「うまい話」の場合には、否定的な文脈で使われることがほとんどである。

「うまい話にご用心」「そんなうまい話があるものか」のような具合である。この意味での「うまい」は、準備の結果や努力の成果ではなく運やなりゆきで、簡単に良い結果を得るという意味を含意しているためであろう。この意味で「おいしい話」も同様に使われる。連用修飾語としては、「話がうまくまとまる」のように使われ、特に「うまくいく（うまいこといく）」は定型化していてよく使われる。この意味の対義表現としても「まずい」があてはまることがある。「まずい話」「まずくいく」とは言わないが、「まずいことになった」「このままではまずい」のように、状況が好ましくないという意味で「まずい」が使われる。

③は、①の「食物などの味が良い」が「巧みである」の意味に発展したものと思われる。述語として「文章がうまい」のように使われたり、連体修飾語として「うまい文章」、連用修飾語として「うまく説明する」のように使われたりする。②と③の両方の要素を持ち、技術が巧みなために好ましい結果が得られたという「うまく乗り切った」のような表現もある。この場合、「うまくやったな」のように「悪賢い」という否定的な評価を含むことがある。都合の良い方向に持っていく技術が巧みだという意味からである。また、人をほめたときに「うまいなぁ」と返されるときがあるが、これも「人をいい気持ちにさせるのが巧みだ」という意味で、③の一つと言える。③の意味の対義語としては「へた」「まずい」が考えられる。

「うまい」は単純に見えて、否定的な意味にもなる含みを持ったうまい表現だ。（石出靖雄）

★飛田良文・飛田秀子『現代形容詞用法辞典　新装版』東京堂出版　2018年
★中島晶子「味を表すことば─『おいしい、うまい、まずい』の多義性と構文の特徴」『お茶の水女子大学比較日本学教育研究センター年報』第10号　2014年

大きい　小さい

「大きいお兄ちゃん」は体が大きい？

「大きい」と「小さい」は「ふつうサイズ」を基準にして評価される。『荘子《そうじ》・逍遥遊篇《しょうようよう》』に登場する「鯤《こん》」は、魚のたまごという意味を持つ巨大な想像上の魚の名前であり、言葉の意味と描かれている内容のギャップによって先入観を裏切る効果的な表現と言える。

このような程度評価は何を基準と設定するかによって相違する。例えば、「ゾウは大きい」「ネズミは小さい」ならば動物の標準サイズを、「大きいアリは女王アリ、小さいアリは働きアリ」はアリのふつうサイズを基準としている。しかしながら、「大きいゾウと小さいネズミ」の場合は、「一般に大きい動物であるゾウと小さい動物であるネズミ」と「ゾウの中でもとりわけ大きなゾウとネズミの中でもとりわけ小さなネズミ」の二通りの意味に読むこともできる。よって、「大きい」「小さい」と表現するときには、何を基準に話しているのかということを相手に伝えないと、客観性のないわかりにくい文章になる。

このような場合の「大きい」「小さい」は、程度スケール上での基準や比較対象に対

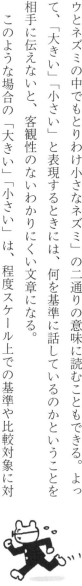

して相対的なあり方である。その基準が「ふつうの程度」ならば、もののサイズは「小さい↓ふつう↓大きい」の程度スケール上に位置付けられるが、基準や0値との離れ方がどれくらい大きいかを示す程度スケールも存在する。もののサイズを問う一般的な言い方は「どれくらいの大きさか」であり、「小ささ」を問うのは特殊な場合である。「大きいお兄ちゃん」「小さいお兄ちゃん」のような年齢関係や「大きくなったら何になる」といった成長を示す場合などは、後者の位置付けを表す。

このような、本来は基準を挟んでどちらのゾーンに位置するかを表すだけの大小関係に、良し悪しの視点が持ち込まれることがある。「態度が大きい」は大きいことの目立ち性がネガティブな意味になる例であり、「肝が大きい」はポジティブである。また、「声が大きい」や「気が大きい」は場面や状況次第で良い意味にも悪い意味にもなる。「大きい」と対立する「小さい」の二つのあり方のどちらが求められるかによって、意味が追加される。つまり、程度スケール上で期待されるあり方がどちらの方向にあるのかによって、印象が変わることになる。

なお、「お父さんの大きな手」「小さな幸せ」の「大きな」「小さな」は、必ずしも基準があるわけではなく、主観的な表現と言える。アポロ一一号のアームストロング船長が人類史上初めて月に降り立ったときの言葉、「これは一人の人間にとっては小さな一歩だが、人類にとっては偉大な（大きな）飛躍である」がそのことを実感させてくれる。

（川端元子）

★川端元子「程度副詞を分類する視点の考察」『愛知工業大学研究報告47』 2012年

おおむね　ほとんど

「おおむね回復した」のは人数？　程度？

「おおむね」は全体・完全と言える程度から見ておおよそ八割以上の程度ないし割合を示す。しかし、何の割合かということで、意味が二つある場合がある。例えば、

　入院患者はおおむね回復している。

という文の一つの意味は、入院患者みんなの「回復の度合い」が「おおむね」だという、いわば内容程度の場合である。しかし、もう一つ、「入院患者」の数が全体数から見て「おおむね」だという場合、すなわち主体の量の読みもある。これは述語の意味にも対応している。例えば、

　相談の電話をかけてくる生徒たちは、おおむね孤独だ。

においては、「孤独」に内容的な程度が読み込めないので、ふつうは「生徒たち」という複数の主体のほぼ全量が孤独だという主体量の読みとなる。一方、

　彼はおおむね回復している。

においては、「彼」だけなので主体の量が問題にできないため、主体量の読みはない。

「おおむね」だけではない。「ほとんど」なども同様に二通りの意味がある。例えば、

実習生はほとんど作品を仕上げています。

などと言う場合、仕上げている度合いが「ほとんど」であるという意味の場合と、「実習生」の数が全体の中の相当数であるという意味の場合とがある。さらに、「ほとんど」は、否定とともに使うこともでき、ゼロへの近さを表す。

児童はほとんどこの給食を食べなかった。

も主体量の読みと内容程度の両方の読みができる。

曖昧《あいまい》にしないためには、数量を指定したり修飾場所を変えたりすることが考えられる。

入院患者は全員おおむね回復している。〔内容程度〕

実習生は作品をほとんど仕上げています。〔内容程度〕

名詞を修飾する位置に置くことでも修飾先がわかりやすくなる。

〔おおむね全ての入院患者〕は回復している。〔主体量〕

〔ほとんどの実習生〕は作品を仕上げています。〔主体量〕

ついでながら、「おおむね」「ほとんど」は「志願者は〔おおむね・ほとんど〕一〇〇〇人にのぼる」のように、きりのいい概数の数字に繰り上げる場合についても使われる。この場合は、例えば九五〇人というように、かなり数値的に接近しているように解釈される。ということで、おおむね紙幅もつきたようだ。

（森山卓郎）

おき

「五日おきにシーツを替える」次の交換日は？

日本語の「おき」という表現は多義的であることが知られている。具体的には、「N○おき」（「○」は単位）の「N」にはじめの数を含めるか否かという点である。

まず、知識という観点から考えよう。「オリンピックは四年おきに開催される」という表現がある。この場合、二〇〇〇年の次は二〇〇四年と解釈されるのが一般的であって、二〇〇五年とは解釈されにくい。これは、われわれの多くがオリンピックについての知識を共有しているためである。このように、読み手がそのできごとについての知識を持っている場合は、解釈の揺れは生じにくい。

もう一つは、話者ごとの揺れという問題がある。「五日おきにシーツを替える」の場合、四月一日の次は、四月六日とも四月七日とも解釈できる。この解釈の優先度には個人差があるとしか言いようがない。

ここで少し角度を変えて、「N○おき」の、「N」、すなわち数値による影響を考えよう。「一日おき」といった場合、四月一日の次は四月三日と解釈されるのが一般的であり、四月二日とは考えにくい。しかし、先にも述べたように「五日おき」の場合は解釈に揺れがある。「二日おき」の場合も、四月一日の次は四月三日・四月四日のどちらとも解釈される。すなわち、N＝一の場合は、はじめの単位を含めない解釈が一般的である。これに対して、N≧二の場合は解釈に揺れが生じる。さらに、Nの数値が大きくなればなるほど、はじめの数を含める解釈が優勢になるという研究もある。*1

さらに、「N○おき」の「○」、すなわち単位の影響も無視できない。「二四時間おき」であれば、四月一日の次は四月二日（の同じ時刻）である。「一五分おき」であれば、一四時○○分の次は一四時一五分である（「秒」も同様）。このような「時間」「分」「秒」という単位は、「年」「日」や「月」「週」（さらには「個」など）という単位とは大きな違いがある。「年／月／週／日」「個」は「単位ごとの箱」と考えられるのに対して、「時間／分／秒」は「目盛り」と考えられやすいからである。これには、「単位の起点が○か一か」という点とも関係する。日常生活では「○時（間）／分／秒」（時刻を表す場合など）とは言うが、「○年／月／週／日」「○個」は、データなどの表現としてしか使わない。

このように、「おき」の解釈の複数性や優先度にはいくつもの要因がある。正確を期したい場合には、「ごとに」「空けて」などの別の表現で言い換える、具体的な間隔を明記するなど、誤読を防止する方法が必要であろう。

（久賀朝）

＊1　定延利之『認知言語論』大修館書店　2000年

★草薙裕『日本語はおもしろい：考え方・教え方・学び方』講談社　1991年

お気持ち

チップ、献金、お布施《ふせ》などはお気持ち次第？

お金を出そうとするときに、「お気持ち」「心づけ」で結構です、と言われることがある。この場合、ときと場合によって、実際にいくらぐらいにするかは意外に難しい。米国のレストランなどのチップの場合、内容・評価にもよるが、一〇〜二〇％くらいだという。チップを見越した「価格」となっている場合もある。日本にはチップの習慣はないが、サービス料というのがある。これは大体一〇％くらいのことが多いようだ（一五％というのもあるらしい）。

料金と一緒に出すときは合わせて「きりのいい数字」にすることがある。チップをそれだけで出す場合も「きりのいい数字」にするのがふつうだ。例えば、ぱっと一ドル紙幣を出すのではなく、七五セントを出すというように半端なお金にすると、ちょっとけちっているように思われそうだ。おひねり（紙にひねるように包んで芸能人などに舞台下から直接あげるお金）なども、一万円というようなきりのいい金額がふつうだという。九〇円などでは失礼だろう。

奇数と偶数という問題もある。日本のマナーブックなどを見ると、陰陽の関係で大体奇数が良いとされている。しかし、中国では逆に四は避けるが偶数が良いらしい（五はきりがいい）。

さて、宗教での献金・寄付やお布施なども大変に微妙な問題である。具体的に、「（その日の）収入の十分の一」を献金しましょう、というのを言われた経験がある。

金貨の音が「天国の門の鍵が開く音だ」というような腐敗した説法がキリスト教世界での宗教改革を招いたという話も習ったことがある。ある場で献金箱が回された折に、「音の鳴るお金は要りません」というのを聞いたこともある。ただし、お札だと天国の門の鍵の開く音は聞けない。

仏教の「布施」という言葉は、サンスクリット語でダーナと言い、「与える」ことを表すという（これが「主人」などを表す「旦那《だんな》」の語源とされている）。この「布施」は、「波羅蜜《はらみつ》」と呼ばれる六種の実践修行の一つでもあるそうで、深い宗教的意味があるという。その意味ではお葬式や法事などでのお布施は、「サービス提供への対価」といったこととは根本的に位置付けが違うことになる。しかし、「合理的」で、公正さが重視される現代消費社会のこと、目安がほしいという気持ちはわかる。ある大きな会社が「読経一式＋戒名」について寺院へのお布施の「目安」を明示したことがあって、それに対する意見はいろいろだったらしい。

きりのいい数字で、何か一〇％程度といった一応の目安はある。奇数が良いということもありそうだ。しかし、結局、「お気持ち」は「お気持ち」。「こんな程度の気持ちか」と思われないようにもしたい。まあ、よく考えて「心を込めた」金額なら良いのだろう。

（森山卓郎）

おそらく　たぶん　もしかして

確かさを表す多様な表現

確かさを表す副詞には、「必ず」「きっと」（→50ページ参照）「おそらく」「たぶん」「もしかすると」「もしかして」など、さまざまな語がある。明日は雨か、確かな情報を持っていそうな人に尋ねたときに「必ず雨が降ります」と言われたら、傘を持って行こうと思うだろう。「きっと雨が降るに違いない」と言われたときにも、傘を持って行ったほうが良さそうだと思うだろう。では「おそらく雨が降るでしょう」「たぶん雨だよ」の場合、あるいは「もしかしたら雨かもしれないね」ならばどうだろうか。さらには「もしかして雨?」などと聞き返されたらどうだろう。このような確かさを表す副詞には、その度合いや述べ方に違いがありそうである。

まず「おそらく」「たぶん」は、「おそらく雨だ」「たぶん雨が降る」のように、「だろう」や活用語の言い切りとセットで用いられることが多い。ただ、「おそらく雨が降るに違いない」と「たぶん雨が降るに違いない」では、後者の方がやや言いにくい印象がある。さらに「おそらく／たぶん雨かもしれない」ほど確かさに自信がないわけでもない。また、「おそらく」は「おそらく雨でございます」などとあらたまった表現で用いられてもしっくりくる。

「もしかすると」は、「もしかすると雨に違いない」「もしかすると雨だろう」とは言いにくい。もう少し自信なく、「もしかすると雨が降るかもしれない」くらいであろう。

ここからわかるのは、「おそらく」「たぶん」を用いた話者は、「きっと」ほど確信はないが、「もしかすると」よりは確信があるということである。「もしかすると〜かもしれない」は、確信というよりは、可能性がゼロではないから用心して……といったところであろうか。

では「もしかすると」に似ている「もしかして」はどうだろうか。「もしかして雨が降るのかも……」などとも言えそうだが、加えて「もしかして雨なんじゃないの?」「もしかして雨なのだろうか?」のように、可能性の認識をもとに人に問いかけ確認する、または自問自答する表現として使うケースが考えられるであろう。

ただしテレビの気象予報では、「静岡市は一五時ごろからたぶん雨が降ります」などとはふつう言わない。確信度が高そうな「きっと雨が降ります」でも、随分無責任に聞こえるだろう。これらの副詞を用いた表現よりは、「雨が降る可能性が高い」「雨が降る見込みです」などの表現が選ばれる。確かさを表す副詞は、いずれも多かれ少なかれ、その推測があくまで話し手の主観的な判断であることを表しているのである。

(市村太郎)

★工藤浩『副詞と文』ひつじ書房　2016年

が けど

「お願いがあるんだけど……」は逆接？

「が」「けど」は接続助詞で「逆接」の意味を持っているとされる。

①残された期間はわずかだが、全力を尽くす。

②沖縄に行ってみたいけど、北海道にも行ってみたい。

①は前の内容から想像されること（＝期間がわずかならどうせ大したことはできない）とは異なることを述べており、②は異なる内容を対比させている。

ところが、「が」「けど」には以下のような使い方もある。

③急ぎご報告したいことがあるのですが、今よろしいですか？

④あ、この前言ってた旅行の件だけど、結局どっちになった？

これらは「逆接」とは考えにくい。以前、学生から「逆接でない箇所で「が」「けど」を使うのは誤用ですか？」と質問を受けたこともある。実際には「が」「けど」には逆接のほか、話題の提示や話題の転換を表す重要な機能が存在する。これは「前置き」と呼ばれることもある。人にお願いするときに「申し訳ないけれども」のように言うのは「前置き」である。「申し訳ないけれども……」とつけることで、聞き手は「何か依頼が来るぞ」と心の準備ができるのである。また、「しかし」も逆接の接続詞とされているが、「話題の転換」の機能も持っている。そのため、「しかし今日は暑いねえ」といきなり天気の話をすることができるのである。もちろんこれも誤用ではない。逆接と話題の転換は大きく違うように思えるが、「前の内容と異なることを述べる」という点で実は共通しているのである。

コーパスを使って接続助詞の「けど」の用法を調べた結果、逆接の用法が四三％、前置きの用法が三六％であった。思っていたよりも逆接の用法は少ないと感じるのではないだろうか。さて、両者を足しても七九％。残りの二一％はどこにいったのか。これは以下のような、あとに何も来ない用法である（終助詞的用法と呼ばれることもある）。

⑤ ここ、ちょっとチェックしてもらいたいんだけど。

⑥ 明日は運動会。雨、降らないといいけど。

これらは話し手に配慮し、主張を弱める働きがある。関西人がよく文の終わりにつけるとされる「絶対、こっちの方がいいって！　知らんけど」もまさしくこの用法である。実はこの「けど」は他人に依頼をするときに重要な役割を果たす。「すみません、浅草駅に行きたいんですけど……」と言えば道を尋ねていることがわかる。これは「けど」の前置きの機能をうまく利用しているのである。

（中俣尚己）

学生

「学生時代」は何歳ごろのこと?

「学生時代に頑張ったことは何ですか」と尋ねられた場合、例えば、中学生のころに一生懸命取り組んだ野球のことを答えても良いのだろうか。

学校教育法の条文の中で、小学校で学ぶ者は「児童」とされており、同様に、中学・高校の場合は「生徒」、大学の場合は「学生」とされている。つまり、これに従うと、「学生時代」は大学に通学している時期を指すことになる。

「学生」が主に「大学生」を意味する複合語として、「学生街」や「学生運動」などがある。「学生街」は、大学があり大学生が集う街のことであり、「学生運動」は、大学生による社会的・政治的運動のことである。

しかし、「学生」は、「大学生」に限らず広く「学問をしている人」の意味で使われることがある。例えば、「学生服」は中学生や高校生が着用する制服のことも言う。「学生割引（学割）」も、大学生だけでなく中学生・高校生にも適用される割引である。

同様に「生徒」も、「中学生・高校生」に限らず、広く「教えを受ける人」の意味で使われることがある。例えば、英会話教室に通う人のことを「英会話教室の生徒」と言うが、通っているのが小学生であっても、ふつうは「英会話教室の児童」とは言わない。もちろん通っているのが大学生や社会人の場合も「英会話教室の生徒」である。

「児童」についても、「小学生」に限らない場合がある。例えば「児童手当」は、内閣府によると、0歳から中学校卒業までの児童を養育している方に支給されるとある。「児童福祉法」においても、「児童」は満一八歳未満の者と定義されている。

このように、「学生」は「大学生」、「生徒」は「中学生・高校生」、「児童」は「小学生」を指すだけでなく、それぞれより広い対象を指すことも多い。

冒頭に取り上げた、「学生時代」について質問された場合の回答を再度考えてみよう。学校教育法に従うと、大学に通っている時期のことを「学生時代」として答えるのが無難ではある。しかし、「児童時代」「生徒時代」という言葉は一般的ではない。前者については「児童期」「学童期」と言われることがあるが、「中学生・高校生のころ」については、これを指すコンパクトな語がほかにないこともあり、「学生時代」と表現されることがあるのだろう。このような背景もあり、「学生時代」のこととして中学生・高校生のころの話をしても誤りとは言えない。

（渡辺由貴）

★女子大生　女子大学生　女子高生 （→74ページ参照）

★文部科学省「学校教育法」（昭和二十二年三月二十九日法律第二十六号）
https://www.mext.go.jp/b_menu/hakusho/html/others/detail/1317990.htm
★内閣府「児童手当」https://www8.cao.go.jp/shoushi/jidouteate/index.html
★児童福祉法（昭和二十二年法律第百六十四号）（抄）
https://www.mhlw.go.jp/bunya/kodomo/pdf/tuuchi-01.pdf

確認する

確認してもわからない？

「確認」は一般的な国語辞典を引くと、「はっきり確かめる」などと簡単に説明されているが、実は「確認」という行為もよく考えてみるといろいろである。

「書類の内容を確認した」「それが事実であるかどうかを確認する」「面接をして人柄を確認する」「この食品に含まれる成分を確認する」などの場合には、〈確認〉のためにある程度の時間がかかる。書類を読むにも時間がかかる。事実確認の場合、誰かに聞いたり、調べたりする必要がある。人柄がわかるようになるにもある程度の時間、話す必要があるだろう。成分の確認は実験が必要な場合もある。

「未確認情報」という言葉があるが、これは、情報はあるが、その内容の真偽を確かめていないということである。あるかないかの〈確認〉ではなく、正しいか正しくないかの〈確認〉である。それと似た使い方として「未確認飛行物体」という言葉もある。これも飛行物体がどういうものなのか、その実体を〈確認〉していない、できていないということである。これらの確認にも時間がかかるだろう。

一方で、〈あるかないか〉を問題として〈確認〉に時間がかからないことがある。

①　発掘調査により埴輪《はにわ》を確認した。

②　海上に二艘《そう》の船を確認した。

③　その時間に駐車場には車がなかったことを確認した。

①は「発見した」と同じような意味にとらえられるだろう。調査には時間がかかるが、埴輪が「ある」ことの確認はすぐである。②③も〈確認〉するのに時間はかからない。

見るだけで〈確認〉できる例はほかにもある。「腕時計で時刻を確認する」「予約票で番号を確認する」「自動車が来ていないかを確認して、子どもを渡らせる」などである。時刻や番号は〈あるかないか〉の確認ではないが、見ればわかるので確認に時間はかからない。道路の安全確認は、実質的には自動車が〈ない〉ことを確かめることであり、見るだけで〈確認〉できる。

さらに確かめるという行為が完了していなくても、「確認」が使われることがある。

④　画面を確認したが、不鮮明で判断できなかった。

⑤　忘年会に誰が来るかを同僚に確認したが、よくわからなかった。

④や⑤は確かめるための前段階である「見る」や「聞く」という行為に置き換えられる。④⑤の場合、知りたかった情報は得られていない。「確認しました」には「確認」が必要なこともあるのである。

（苅宿紀子）

かける

「じっちゃんの名にかけて」って何をかけているの？

「AをBにかける」では、対象BにAを「かける」行為によってBと接点を持ち、結果として対象Bにもたらされる状態を表している。「洋服をハンガーにかける」「壁に絵をかける」は、対象との接点に平面的な広がりがイメージできる。細長いものも、「橋をかける」「柱に紐《ひも》を渡してかける」は、接点を持つことによって広がりやひと続きのイメージが作られる。「電話をかける」は、このような空間的に隔たった相手とのつながりを作る行為の一つである。このように「かける」は、働きかけた結果として空間的に幅や広がりがもたらされる行為を表す。

「かける」ものAが液体の場合も空間的な広がりが想定できる。「水をかける」「醤油《しょうゆ》をかける」は液体を対象に撒《ま》くことや垂らすことによって対象上に広がるだけでなく、対象の状態に作用して「濡《ぬ》れる」「染《し》み込む」の変化がもたらされる。「かける」には働きかけの作用が対象に広がるという意味もあり、音楽のような目に見えないものは空間への、魔法や催眠術、声といった動作主体から対象への働きかけである。「アイロンをかける」は、ある行為によって働きかけた対象への作用が面的に広がるようすと言える。

また、「3と5をかける」や「緑に青をかけ合わせる」などは、あるものと別のものを重ね合わせることで対象に変化をもたらす意味を持つ。「電子レンジにかける」は、「ヤカンを火にかける」のような、ものを上にのせて覆《おお》う行為から派生したとも考えられるが、むしろ、「AをBにかける」のBが作用や働きかけの種類を表すという意味で、「シュレッダーにかける」「遠心分離器にかける」などと同じグループと考える方がわかりやすい。

空間だけでなく、時間的な広がりや量的な広がりとして多くのものをつぎ込む場合にも「かける」を使う。あることに人生や年月など多くの時間、大量の人手・金を「かける」こともある。これも、ものごとを成立させるための働きかけの一種である。

「じっちゃんの名にかけて」についても、神や自分にとって大切なものに対して自分の願いやプライドを託していると考えるならば、「願《がん》をかける」「この首をかけても」といったものと同じで、働きかけの種類に心情や信念などを取り上げたものと言える。

「かける」の意味は、Aや対象物Bが具体物から抽象的なものになるとともに、作用に特化することを通して多義化していったと考えられる。*「かける」の意味には、対象に接点を作るとともにその働きかけによって対象に何らかの影響が及ぶという共通点がある。共通点とそれぞれの意味のつながりを気にかけたい。

（川端元子）

＊蓖原伊都子「語の多義性について――動詞「かける」の意味分析」『日本語学』1-1 明治書院　1982年

金持ち

年収はいくらと学生は思っているか？　漫画でなく現実の世界では

「金持ち」という語の意味を考えてみよう。国語辞典では「金銭などの財産を多く持っている人」などと記述される。財産を持っている人という意味では「資産家」という言葉もある。こちらは、土地や家屋、宝飾品などを保有しているというイメージが強い。しかし、「金持ちの年収はいくらぐらい？」という質問が自然であるように、「金持ち」は、財産を保有しているだけでなく収入が多いというイメージも強い。つまり、「金持ち」の意味の中心は、物質的に余裕のある生活をする境遇にあることだと考えられる。「金持ち」に類する語には「裕福」もあるが、「金持ち」の方が「金を持つ」という具体的行為を表現していることから生々しく、俗な言葉に感じられる。

漫画やドラマには「金持ち」が、わかりやすく登場する。金の使い方が派手で家も立派、多くのものを所有している、という人物像である。「資産家」の意味にも合致している。しかし、私たちはそれが必ずしも現実でないことを理解し、現実としての別の金持ち像を持っている。その像とは、物質的に余裕のある暮らしをしている人だと言える。そういう暮らしにはどのくらいのお金が必要と考えるか、それが人それぞれの「金持ち」の定義になるだろう。財産の保有という文字通りの意味の「金持ち」から少し離れている。資産があれば、そこから収入を得て余裕のある生活ができる可能性は高いので「資産家」と「金持ち」が一致している場合も多いが、収入が金持ちの定義に深くかかわっているのは確かである。

ところで、「金持ち」に近い意味の「富裕」については、金融業界にある程度の基準がある。世帯として保有する金融資産の合計額から負債を差し引いた「純金融資産保有額」が一億円以上の世帯を「富裕層」、五億円以上の人を「超富裕層」としている。社会状況にもよるが、日本の富裕層以上の世帯は全体の数%だという。

収入の面と財産の面から「金持ち」のイメージを、都内M大学の学生とその友人の大学

生（合計一九八名）に聞いたところ、年収では、一千万円以上という回答が四〇％で最多、次いで二千万円以上が一七％、一千五百万円以上が一五％と続き、それ以外の回答は二八％だった。不動産も含めた財産の所有については、一億円相当以上が四二％で最多、次いで五千万円相当以上が二四％であった。二億円相当以上の数値を回答した人の合計は一五％、五千万円以下の数値を回答した人の合計は一八％だった。「一千万」「一億」という切りのよい数字を挙げる学生が突出して多いことから、学生にとって金持ちのイメージはぼんやりしたもので現実味を感じにくいものだと考えられる。

（石出靖雄）

column

裏

「裏黒板に書いておいて」と言われた人が教室から出て行って、「裏に黒板なんてないよ」と言ったとか。愛知県では教室の後ろにある黒板のことを「裏黒板」という。「教室の裏」というと、教室の向こう側という意味ばかりではない。教室の後ろという意味だと言える。

考えてみれば、「裏切り」という言葉は、後ろ側、すなわち味方側から切りつけられることから来ていると言える。前を向いて座る教室での「後ろ」側が、「裏」と呼ばれるのは、それなりに納得できる。「正面からの後ろ」が「裏山」「裏庭」の「裏」でもある。正面をどう考えるかの基準の取り方に違いがある。

から

「山田さんから報告する」　報告するのは誰？

国語の授業で、先生が次のように言ったとしよう。

① グループで話し合った内容について、山田さんから報告してください。

①の文は、「から」に注目すると、二つの解釈がある。一つ目は、「から」が、「発表する」動作の〈主体〉を表すというものである。助詞「から」は、基本的には〈起点〉を表す。しかし、述語が提供・伝達行為を表す動詞である場合、その動作を行う人物は、〈起点〉と同時に〈主体〉でもある。例えば、①の述語「報告する」は、伝達行為を表す動詞である。したがって、動作を行う「山田さん」は、「報告する」〈起点〉であると同時に、〈主体〉でもあることになる。このような〈主体〉を表す「から」は、ほぼ意味を変えずに「が」と置き換えが可能である。なお、「～の方から」とすれば、次の二つ目の解釈を排除することができる。

二つ目は、「から」が、「報告する」〈主体〉かつその〈先頭〉であることを表すというものである。そのとき「報告する」を最初に行うのが「山田さん」であることを示している。そのため、「報告する」を行う人物がほかにもいることが前提とされている（一つ目の解釈にはこれがない）。

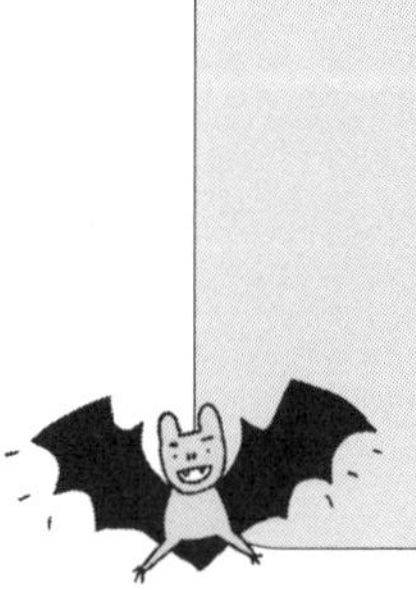

このような〈先頭〉を示す用法は、広い意味では〈起点〉の一種と考えることもできるため、「から」の基本的な意味とも合致する。なお、「から」には、〈先頭〉かつ〈対象〉を表す用法もある。例えば、

② 山田さんから報告します。

の場合、「発表する人＝山田さん」（「山田さんが」）という解釈と、「最初に報告する相手＝山田さん」（「山田さんに」）という解釈があり、曖昧《あいまい》である。

しかし、動詞の種類に起因する「から」の多義性だけではなく、「から」と一緒に用いられる名詞に起因する多義性もある。例えば次の文は二つの解釈ができる。

③ 当店のパスタは全て、粉から作っています。

③の「から」は〈起点〉を表しているが、同じ〈起点〉でも、一つは、「『粉』という状態を〈起点〉としている」すなわち「『製麺作業』から行っている」という解釈である。もう一方は、「『粉』という過程を〈起点〉としている」すなわち「『製粉作業』から行っている」という解釈である。

また、「から」の前の数の出発点をどうとらえるかで、二通りの表現があり得る。

④a ゼロからやり直す（＝ゼロの状態からやり直す）。

④b 一からやり直す（＝一番目の過程からやり直す）。

このように、「から」は、場合によっては使い方に注意が必要である。

（久賀 朝）

気が置けない

「気が置けない人です」と紹介されたら……

「遠慮したり気を遣ったりする必要がなく、心から打ち解けることができる」[*1]。これが「気が置けない」の本来の意味である。すなわち、相手との「良い関係」を表現する言い回しである。しかし昨今では、これを反対の意味、すなわち「気を許せない人」「油断ならない人」という「良くない関係」の意味で用いる人が増えている。本来の「良い」意味で理解している人が四二・七%であるのに対し、それよりも多い四七・六%が「良くない」意味の方でとらえているという調査結果もある。[*2]つまり、自分は「良い」意味で「気が置けない人」と言ったとしても、二分の一の確率で「良くない」意味に解釈される可能性があるのだ。誤用とされる使い方をする人が増え、もはや誤用と呼べなくなった表現は数多いが、これもその一つである。

そもそもこの「気が置けない」は、「気が置ける」を打ち消したものである。「気が置ける」は「何となく打ち解けられない。遠慮される」[*3]という意味である。それを否定することで「打ち解けられる」という「良い」意味になるのであるが、「気が置ける」という表現が一般的ではない上、「ない」という表現が「良くない」印象を醸《かも》し出すのであろう。字面通りの、直感的でわかりや

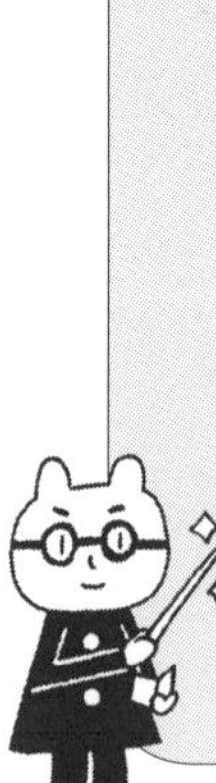

すい表現を人々が好むようになっているのかもしれない。あるいは「油断できない」という意味を持つ「隅に置けない」や、「信頼が置けない」などを連想して、「良くない」語釈に至っているのかもしれない。

「気が置けない人」と紹介したりされたりする場面を想定したとき、〈良い意味に解釈する人〉と〈良くない意味に解釈する人〉とが半々であるということは、紹介する人・される人が各々この表現をどちらの意味でとらえているかによって、その組み合わせには四通りの可能性がある（表）。「本人を目の前にして、良くない意味での紹介はまさかしないだろう」と思慮深い大人の解釈ができれば良いが、そう簡単にはいかないのが人の心。ケンカ別れに帰結しないとも限らない。

そこで転ばぬ先の杖。誰かを良い意味で「気が置けない人」と紹介したら、そのあとに「親しくて大切な人」などと誰が聞いても肯定的な言葉による「その人評」を添えるのは一案だろう。そうすれば誤解を防ぐことができ、かつ、もしも紹介される側との間に語釈のズレがあれば、その場で正すこともできる。そのくらいの努力と気遣いをしても良いだろう。何しろ相手は大切な、気が置けない人なのだから。（増地ひとみ）

「気が置けない人」と紹介されたら…

紹介する人の認識	紹介される人の認識	紹介された瞬間（とその後の展開）
◎良い意味	◎良い意味	両者ともハッピー
◎良い意味	×良くない意味	紹介される人、違和感・不服
×良くない意味	◎良い意味	紹介される人、ハッピー
×良くない意味	×良くない意味	険悪ムード⇒ケンカ別れ？

＊1「気が置けない」の項『デジタル大辞泉』JapanKnowledge Lib→参考資料
＊2　文化庁『平成24年度「国語に関する世論調査」の結果の概要』
＊3「きが置ける」の項『日本国語大辞典』第二版　JapanKnowledge Lib→参考資料

きっと

メロスに出てくる「王」はメロスが遅れても殺さないかもしれない？

中学校二年生の大抵の国語の教科書には、太宰治《だざいおさむ》の「走れメロス」が載っている。この作品のはじめの方に、「その身代わりを呼ぶがよい。三日目には日没までに帰って来い。遅れたら、その身代わりを、きっと殺すぞ。（略）」という、王の会話文の一節がある。人を信じないという王に激怒して暗殺をしに行き、捕まって、友人を身代わりに処刑の三日間の猶予《ゆうよ》を願い出る場面である。実は、この文の「きっと」の意味解釈には少し立ち止まりたいのだ。

前年にこの教材を学習した中学三年生一二七名に、ここでの「きっと」に近い用法のものを含む文を、上の三つの例文から選んでもらったことがある。

①ののしられた彼は、きっとなってにらんだ。
②きっと明日は雨だ。
③きっとやり遂げてみせたい。

①は明らかに違う。②は微妙。ふつうに解釈すると「たぶん」と同じ推量の意味。すなわち「雨でない」可能性が残されるという意味だ。五二％がこれを選んだ。その理由についても書いてもらった。「まだわからないから」「これから何が起きるかを予想しているから」のような記述が多かった。

しかしどうだろう。「きっと殺すぞ」は「たぶん」のような予想や推量の意味だろうか。これは王が友を身代わりの人質にするわけだから、メロスが時間通りに帰ってこない場合、「必ず殺す」のではないか。「王」の意図としては、「たぶん殺すぞ。でも、助けるかも〜」という意味で言っているのではないはずだ。そうすると、ここでの意味は、「間違いなく、必ず、殺すぞ」という、

③「きっとやり遂《と》げてみせたい」という意味だということになる。

「きっとやり遂げてみせるぞ」のように「私」が主語で意志的な動きを表す場合、そして、「きっとやり遂げてください」のように二人称の主語などで要求や希望を言う場合、「きっと」はふつう「間違いなく」といった意志を述べる意味になる。「きっと」にある「必ず〜」という基本的な意味が、意志的に取り上げられることになる点で、動きの実現への強い思いを表すからである。これを選んだのは四七％だった。

一方「きっと」が推量になるのは三人称の主語（人でなく、物事のこともある）の場合が多い。わからないことについて述べるという文脈で、「きっと」の「必ず〜」という基本的な意味は、「たぶん」のような推量の意味となるからである。ただし、人称といっても絶対的ではない「きっと私ならできるはずだ」のように推量でも使う。日常生活では、この「たぶん」の用法の方をよく使う。そんなわけで、「きっと」の意味に立ち止まってみることも、きっと必要なことに違いない。

（森山卓郎）

切る

「テレビを切る」の反対は「テレビをつなぐ」？

「切る」の対義語としては、「つなぐ」「結ぶ」「続ける」などがある。「切る」ためには、もともとつながっているひと続きの状態や連続性がある状態がなければならない。「ロープを切る」「洗った野菜の水気を切る」のように目に見えるつながりの分離・分断や、「肩で風を切る」「波を切って進む」のような塊《かたまり》でないものを分ける場合も「切る」である。「テレビを切る」のように、目には見えないものである電流、通信、人間関係の遮断《しゃだん》や分断をも表す。ちなみに、電源やスイッチに関しては「切る」の反対は「入れる」である。電源スイッチを入れることで流れていた電流を、遮断し、継続していた状況をなくすことを「切る」ととらえることができる。

そして、連続性をなくすことのあり方も多様である。例えば「カーブを切る」「ハンドルを切る」は、進行すべきラインからの逸脱《いつだつ》という予定された連続性からの脱却である。このような、もともとひと続きになった主になるもの（本体）に対して「切る」行動がいくつかある。所属する本体から分断することで、それを有効に活用するのが小切手や手札を「切る」である。一方で、「首を切る」は社員を所属先の会社（本体）から切り離すこと（もしくは社員としての存在への比喩的な

断首)、「啖呵《たんか》を切る」の原義や「腫瘍《しゅよう》を切る」は不要物の除去である。「縁を切る」「契約を切る」などは関係を断つことが不要なものの消去につながる。世相や政治を「切る」のは、それらが悪いあり方であるという認識のもとで対象に鋭くメスを入れて内にある問題点を取り出し、対象の息の根を止めるという点では「人を切る」の延長線上にある比喩《ひゆ》である。

なお、「切る」は単に分離するだけではない。「入場者を三〇人で切る」の場合は列の三〇番目に境界線を引く。すると、そこまでが本体に属する「入場者」となる特徴付けがなされる。「残り一〇分を切る」「一〇〇メートルで一〇秒を切る」では、設定された境界線を突破したことで連続性が復活する。これは「堰《せき》を切る」に連なる表現といえる。

「切る」は連続性やつながりが分断されることであり、それによって対象が機能停止になること、本体とされるものとのつながりを失うことである。また、連続性を分断する境界線の設定は区切りの特徴付けを行う。一方で、いったんつけたその境界線を「切って」連続性を復活させることもできる。その意味ではつながっている状態が意識されている。

こうしてみると、「切る」と「終わる」は違う。「切る」はまだ残っているのである。まだ書きたいことはあるが、ここで切ろう、というように。

(川端元子)

ぐらい

「三分ぐらい我慢しろ」って？

「中辛ぐらい」というとき、三通りの用法がある（「ぐらい」は「くらい」という場合もある）。一つは、「彼が作ったカレーの辛さは、大体中辛ぐらいだった」のように、近似値的な意味である。「中辛」に大体相当するといった意味で、「大体〜のような程度」などと置き換えることができる。「中辛ぐらいの辛さ」は「中辛ほどの辛さ」とも言える。

二つ目は、近似する程度という意味から、比較や基準に使われる用法である。「カレー作りでは、中辛ぐらい味加減の難しいものはない」のように、比較を背景に程度を表す。三つ目は、「ここの店のカレーは辛くない。大辛ならともかく、中辛ぐらい、最後まで食べろよ」というように、あてはまる最低のものとして評価して、いわば当然のこととして取り上げるという用法である。「〜程度（なら）」と言い換えられる。これも一種の程度としてのとらえ方で、大した程度でなく当然の想定される程度であるといった評価的なとらえ方だ。この「あてはまる最低のもの」という評価的な用法の場合、「〜ぐらい、……」「〜ぐらいの（こと）」という形で使われる。「〜ぐらいに」「〜ぐらいから」のようになると評価的なニュアンスはない。

「ぐらい」がくっつく名詞の性質もかかわる。近似値で解釈するには、数値か程度性のある尺度の値である必要がある。例えば「誰でもハンカチぐらい持っているよ」のように言う場合、ふつう「ハンカチ」の「近似値」は考えにくい。「持っているかどうかが問題になる程度が最低の、当然持っているもの」として取り上げるといった意味になる。その点、数値の場合は、近似値なのか、低い程度としての評価なのかが微妙なことがある。例えば「三分ぐらい我慢しろよ」は、近似値としての「約三分」という意味でも、「低い程度」というとらえ方でも、両方の解釈ができる。そこで、「我慢するのは、三分ぐらいだ」「三分ぐらいの我慢だ」「我慢するのは三分ぐらいになる」のように、述語にしたり後ろに格助詞を置いたりすれば近似値の解釈となる。もちろん「大体三分ぐらい」のように「大体」(→90ページ参照)を入れるのも近似値としての解釈になる。

さて、近似値の場合、どの程度の範囲が「近似」なのかは微妙である。厳密にはその一桁下の数値で四捨五入できれば明らかに「ぐらい」の範囲だと思われるが、一割程度の前後でも「ぐらい」に入りそうである。状況にもよるが、九〇〜一一〇人なら「一〇〇人ぐらい」に入ると思われる。例えば一桁下げて「一〇人ぐらい」と言うと、「九人、一〇人、一一人」は含まれるはずである。ただ、八人、一二人くらいになると、「七、八人」「一二、三人」など別の言い方がある点で微妙である(「六、七万円」→202ページ参照)。「ぐらい」くらいややこしい言葉は少ない？　まあ、これぐらいにしておこう。

(森山卓郎)

結構です

二つの「結構です」の背景

食事をしているとき、①「このお味、大変結構です」と言えば、出されたものの味をほめているが、②「この味……もう結構です」と言えば、もうこれ以上は食べたくないということを表す。いずれの場合も「結構です」という語が使われているが、全く相容れないような二つの意味合いを表し得るのはなぜだろうか。また、このほかにも③「この味、結構おいしい」のような程度副詞用法もあるが、これらはどう位置付けられると考えたら良いだろうか。

「結構」という言葉の歴史を遡《さかのぼ》ると、結構どころか相当古い。もともとは『後漢書《ごかんじょ》』などの漢文に見られる語であり、日本の文献には、平安時代にあたる西暦一〇〇〇年ごろの記録体（記録作成のための、日本の漢文）の文章に出現するのが早い例とのことである。[*1] そこでは、「家屋又は文章などを組み立てること。かまえを作ること。又そのさま」[*1]（p.24）を意味している。「結構」という二字から想像されるものとそう大きく違わないであろう。それが、時代が進むにつれ、家

屋などに限定されず、「計画・企て」[*1](p.26)の意が見られるようになり、中世ごろ「準備・用意する」[*1](p.26)の意で使われるようになった。

中世・近世と時代が進むと、「かまえ」の意から、①の「すばらしい」を意味する形容動詞の用法を生じた。「是へけつこうなるいでたちにてあらはれ給ひたるは、いかやうなる御かたにて候ぞ」(『虎明本狂言集《とらあきらぼんきょうげんしゅう》』・「夷大黒《えびすだいこく》」・一六四二年)のようなものである。その「理由」「経緯」については「その結構がみごとであるという意味で、「結構な」という、形容語としての用法が生じたと考えられる」とされている。[*2]「すばらしい」意は、「良い」度合いが十分だということであるが、さらにそこから「結構な年齢」などのように、度合いに重点を置く表現が生じ、③「結構おいしい」のような用法を生じたという。[*1]「よし」の連用形「よく」が程度用法を生じたのと似た論理である。

②の断りの用法は、①の「十分である」という点から、「それ以上必要としない」ことを暗に示すものとして生じたようである。せっかくの好意に対して「もういらない」と無下に断るのは、誰しも気が引けるものである。とりあえず表向き「満足しました」と、良い評価を表すやんわりとした表現を使いつつ、内実は断る、そのような表現として便利なのであろう。「大丈夫です」「もういいです」など、類する表現は結構多い。(市村太郎)

＊1　遠藤好英「けっこう」『講座日本語の語彙 語誌Ⅱ』明治書院　1983年
＊2　佐藤喜代治『日本の漢語――その源流と変遷』角川書店　1979年

心の貧しい

貧しいのは経済的なことばかりではない

国立国語研究所の書き言葉均衡《きんこう》コーパスで検索したところ、「貧しい」は「貧しさ」「貧しげ」などの派生語も含めて一六五六例が認められた。そのうち八八・一%が「金銭的、経済的に乏しい」の意味であった。「貧しい家に育った」や「貧しい国に支援をする」のような例である。しかし、「貧しい食卓を囲む」のような場合は、いろいろな背景が考えられる。金銭的に乏しいので、その結果として食事も乏しいということもあるが、金銭的に問題ない生活をしていながら、たまたま食糧が調達できていない場合もある。そういう場合の「貧しい」は、「量あるいは質が十分でない」のような意味としてとらえられる。その意味でよく用いられるのが「言葉（語彙《ごい》）が貧しい」「貧しい才能」などである。気持ちにかかわるものとしては、「心が貧しい」「心の貧しい」という用例が最も多く見られる。なお、「貧しい心」という連体修飾の表現がほとんど見られないことから、「心が（の）貧しい」はある程度固定化した表現だと言って良いだろう。また、「金銭的、経済的に乏しい」「量あるいは質が、十分でない」という意味での「貧しい」にはマイナスのイメージがともなう。

「心が貧しい」の意味としてキリスト教の影響と見られるものがある。福音書《ふくいんしょ》の中に「心の貧しい人は幸いである」という言葉があり、プラスの意味で用いられることが多い。しかし、キリスト教関係以外の意味での「心が貧しい」は、マイナスイメージのみで用いられる。「(金銭的に)貧しくとも心は豊か」というフレーズがよく使われるように、「貧しい」と「豊か」は対比概念としてとらえられることが多い。「金銭的、経済的に」「量的、質的に」満たされているのが「豊か」で、満たされていないのが「貧しい」だと言えよう。「心が貧しい」と「心が豊か」を対比的に考えると、「心が豊か」は心が満たされた状態で、「心が貧しい」は心が満たされていない状態だと考えることができる。

「貧しい」と「心」が一緒に使われている用例を書き言葉均衡コーパスで探し、「心の貧しい人」がどのようにとらえられているか調査したところ、心に余裕がない人、不平ばかり言う人というイメージが浮かび上がってきた。また、心が狭い、価値の多様性を認めないというイメージもある。外見で人を判断する人や、金銭的にしかものを判断せず挙句の果てにケチだと思われてしまう人がこれにあたる。さらに、いつも自分中心にものを考える人、自分勝手な人というとらえ方もあった。また、「心が豊か」に比べて、感受性が鈍い、そのため芸術を理解できない、高い理想を持っていない、などのイメージもある。「心が貧しい」は、心に余裕がなく、多様な価値を認められなくて、そのため心が満たされない状態、と大まかにまとめられるだろう。(石出靖雄)

ことがある

ネガティブな例を挙げる脅《おど》し文句

「〜ことがある」という形には複数の意味がある。まず、動詞の「〜した」という形に接続したときは、「以前にそういう経験がある」という意味になる。一度きりの経験でも構わない。

①ヨーロッパに行ったことがある。

これに対して、前の語が「〜した」という形ではない場合、「そういうことがたびたび起きる」という意味になる。

②仕事で海外に行くことがある。

この場合でも過去に実際に行った経験があるという点では変わらない。しかし、実際の例では、自分の意志で行う動作を述べることは少ない。自然に発生するようなこと、それもネガティブな内容が多い。

③不安で、眠れなくなることがある。

試しに「感じることがある」をコーパスで調べると、その前の部分には「不安」「痛み」「何かが違う」「安易」「哀しみ」「焦燥《しょうそう》」「怖い」「苦痛」「怒り」「嫉妬《しっと》」……ネガティブな言葉のオン

パレードである。「喜び」や「幸福」を感じることはないのか、と言いたくなるが、わざわざ「ことがある」で表現されるのは大抵ネガティブなことだというのはどうにも事実のようである。

この性質を反映してか、「不都合なことが起きるかもしれない」と警告を表す際にも「ことがある」は使われている。例えば、注意書きや警告といった文脈で使われる。厚生労働省の「新型コロナワクチンQ＆A」のウェブページには以下のように書かれている。

④ 現在、日本で接種が進められている新型コロナワクチンでは、接種後に注射した部分の痛み、疲労、頭痛、筋肉や関節の痛み、寒気、下痢、発熱等がみられることがあります。

また、以下のような形で警告を表すこともできる。

⑤ 期限までに卒業論文が提出されないときは、卒業できないことがあります。

「ことがある」自体には脅しの意味はないが、ネガティブなことが「起きることがある」と挙げるだけでも、十分に警告の意味が成立することがあるのである。

（中俣尚己）

再

「台風が北海道に再上陸した」で最初に上陸したのはどこ？

「再婚する」は、「二回目の結婚をする」という意味である。一般には、「再」は同じことの二回目を表す。しかし、この「再」の用法は曖昧《あいまい》なことがある。次の文には、解釈が三つある。

⑴ 台風が北海道に再上陸した。

①：九州・四国・本州のどこかに上陸した台風が、海上へ抜けた後、北海道に上陸した。

②：北海道に上陸した台風が、海上へ抜けた後、もう一度北海道に上陸した。

③：ある台風が北海道に上陸した後、別の台風が北海道に上陸した。

一般的には、①の意味で使われることが多いが、②で解釈することも本来ならあって良い。なお、解釈③の場合は主体の「台風」が違うので、「再度襲来した」のように別の動詞で言い換えられることがふつうであるが、「北海道への台風上陸」という珍しいことが二度も起こるという意味で、例えば「台風再上陸にうんざりの北海道」のように言うこともありそうである。

「大気圏再突入」も、「一度突入した後、もう一度突入する」という意味と、「『再び大気圏にもどる』という突入をする」という意味との二つがある。後者の用法で使われることが多いが、厳密に言えばカウントの仕方が少し違うことになる。

以上のように考えると、「再発行」の場合も、意味は二つあることになる。

紛失したので、再発行した：全く同一のものをもう一度発行する

誤りがあったので、再発行した：修正したものを新たに発行する

「再発行」の場合も、カウントの仕方に違いがあり、「発行される中身」が同一というカウントのほか、「発行」が二回目であるという数え方で「再発行」ということもある。

ちなみに、カウントの中身が変わる点で複数の意味がある場合というのは、「〜ぶり」にも見られる。例えば次の文も曖昧と言える（制限／非制限修飾の問題とも関係する）。

(2) 大谷選手が二週間ぶりの満塁ホームランを打った。

これについては、「大谷選手は、二週間前に満塁ホームランを打っていて、今日も満塁ホームランを打った」という解釈である（この解釈が一般的）。この場合、それ以外にもホームランを打っている可能性もある。もう一つ、「二週間ぶりのホームランを打ち、それが（結果的に）満塁ホームランだった」という解釈（それ以外にはホームランを打っていない）もある。厳密には「二週間ぶりにホームランを、しかも満塁ホームランを打った」のように言い直されるところだが、しばしば表現が省略される。

「再〜」という言葉があるとき、何が「二回目」なのか再考したほうが良さそうである。（久賀 朝）

★定延利之『認知言語論』大修館書店　2000年

さがす

「先生をさがす」の先生とは誰？

① 先生をさがす。

この文は、二通りの解釈が可能である。一つ目は、「手に入れたいものを見つけ出す」すなわち「これから（自分の）先生になってくれる人を募集する」という解釈である。この場合、「先生」はある特定の誰かを指すことができない（そもそも存在しない）。家庭教師を募集している場面を想像するとわかりやすい。二つ目は、「失ったものを見つけ出す」すなわち「行方がわからなくなってしまった先生を捜索している」という解釈である。この場合、「先生」はある特定の誰かを指すことになる。職員室に行く場面を考えるとわかりやすい。「手に入れたいものを見つけ出す」を「探す」、「失ったものを見つけ出す」を「捜す」というように、漢字を使い分けることもある。

また、二つ目の解釈の場合、ほぼ意味を変えずに「先生のことをさがす」と言い換えることが可能である。

「先生をさがす」の場合、「さがす」の目的語は「人・ものを表す名詞」であった。そこで、「さがす」の目的語が「場所・ものを表す名詞」である場合を考えてみたい。

② 部屋をさがす。

この場合、解釈は大きく三つに分けられる。一つ目は、「手に入れたいものを見つけ出す」すなわち「これから暮らすための部屋を見つける」という解釈である。不動産屋さんに行くような場面を考えるとわかりやすい。この場合、「部屋」はある特定の場所を指すことはできない（そもそも存在しない）。二つ目は、「それがどこにあるかを確認する」という場合である。ホテルにチェックインしたあとの場面を考えるとわかりやすい。この場合、「部屋」はある特定の場所を指すが、話し手はまだその場所を確認できていない。これに加えて、②は三つ目の解釈が可能である。それは「何かを見つけるために部屋の中を見回す」という解釈である。なくしものをしたときの場面を考えるとわかりやすい。この場合、「部屋」はある特定の場所を指す。これに関連して、「家《いえ》探し」と言った場合、一般には一つ目の状況を指す。「家《や》探し」と言った場合、一般には三つ目の状況を指す。

ここで挙げた「さがす」のほかにも、「求める」などの述語は、まだ世界に存在しないものを「妄想《もうそう》」し、それに対する働きかけを表すことができる。ぜひいろんな用例をさがしてみてほしい。

（久賀 朝）

させる

鰻《うなぎ》を食わせる乱暴なお店？

「息子を塾へ行かせる」という文は、使役の意味を表すが、その意味は曖昧《あいまい》である。もしも、母親が嫌がる息子を無理やり塾へ行くように言っている状況なら、「強制」の意味で解釈できる。塾へ行きたがっている息子に行くことを許している状況なら、「許可」の意味で解釈できるだろう。使役文の本質的な意味は、使役者（母親）から動作者（息子）への行為の仕向けであり、強制や許可の意味は、文脈で決まるところが多い。

例えば、前者の「強制」の意味が出やすい文脈というのは、前提として使役者の強い意志で動作者へ当該の行為を仕向ける場面で使われる。「嫌がっている息子を無理やり塾へ行かせた」のように、動作者の意向が使役者の意向に沿わなかったり、使役者からの行為の仕向けがそれこそ強制的であることがわかるような修飾語がついたりする文脈からもそうした意味が出やすい。

後者の「許可」の意味が出やすい文脈というのは、反対に動作者の意志が出てくる場面で使われる。「勉強に火がついた息子を塾へ行かせてやることにした」のように、動作者の前向きな気持ちがわかる修飾語や使役者の「させてやる」といった文末表現などから「許可」の文脈が生ま

れてくる。

意志的な動作を仕向ける典型的な使役文とは異なり、無意志的な動作の使役文が「責任」の意味を表すことがある。「息子を戦争で死なせてしまった」や「医者の誤診により、病状を悪化させた」のような文である。本来はその悪い状況を回避するはずの使役者が当該の動作を仕向けてしまうことから「責任」の意味があらわれるのだろう。

さらに、おもしろいのは、「食わせる」のような表現だ。「父親が子どもに野菜を食わせる」のように強制的な意味がある一方で、「鰻を食わせる老舗《しにせ》」などと言うことがある。老舗のオヤジがお客の口に無理やり鰻を突っ込むわけではなく、最高の料理を「うまいから食べてみなさいよ」と、もてなしてくれることをそう表現するわけだ。『美味しんぼ』という漫画には、この「食わせる」が台詞《せりふ》でよく出てくるが、海原雄山《かいばらゆうざん》の「スキヤキを食わせるからには、せめて魯山人《ろさんじん》風のスキヤキくらい食わせてみろ」とか、登場人物が鮎の天ぷらを食べて「なんちゅうもんを食わせてくれたんや…」と号泣する場面などは、「食わせる」という表現を使って、食べることへの敬《うやま》いの気持ちをも表現している気がしてならない。同漫画では海原雄山と山岡士郎《やまおかしろう》の親子対決が見ものだが、雄山の「どんな物を食わせるのか知らんが、用意はいいんだろうなっ!?」に対して、山岡が「食べさせてやるぜ、本当に美味しい冷やし中華をな」と言い放つ場面では、「食わせる」にも使役本来の意味が濃厚になってくる。

（中山英治）

column

お手紙

「お（ご）〜」は、敬語としていろいろな場合が考えられる。「手紙」を例に考えると、「先生のお手紙」は尊敬語で、持ち主や動きの主を高めることになる。これに対して、「先生へのお手紙」のようにすれば謙譲語であり、「手紙」の向かう先への敬意を表す。一方、「○○ちゃんが弟に書いたお手紙」のような場合、特に高める（たてる）人がいない。この場合は「手紙」を美しく言うだけの働きなので、美化語と呼ばれる。幼児の言葉遣いでは「おてがみ」「おかばん」などの言い方がよく見られる。

尊敬語か謙譲語かという違いは、形だけではわからない。その語の使い方によっても解釈の傾向がある。例えば、単に「お手紙」とだけ書く場合は尊敬語ととられることが多いように思われる。謙譲語とわかるようにするには、「私からのお手紙」など、関係を示す方が無難である。一方、「お知らせ」のように、相手へのものという意味があればそれだけで謙譲語と解釈される。「ご案内」なども相手へのものとして謙譲語として解釈されるのがふつうである。

じゃない

「あれに見えるは茶摘みじゃないか〜♪」の二つの解釈とは?

『茶《ちゃ》摘《つ》み』の「夏も近づく八十八夜／野にも山にも若葉が茂る／あれに見えるは茶摘みじゃないか／あかねだすきに菅の笠」には主として二つの解釈があり得る。問題になるのは、「茶摘みじゃないか」の部分。わかりやすいように、話し言葉や関西方言に直すと次のようになる。

茶摘みじゃないか！：｛茶摘みじゃん！・茶摘みやん｝〈再確認型〉

茶摘みじゃないか？：｛茶摘みじゃねえか？・茶摘みちゃう？｝〈否定疑問型〉

一般的な解釈として多いのは再確認型の解釈で、発見・感動するような意味として受け取る解釈のようだが、否定疑問型の解釈もできないわけではない。その場合は、自分はそう思うけれど、どうだろう、よくわからない、という仮説の提案のような意味となる。「あれに見える」様子を遠くから見て、「もしかして、茶摘みじゃないか?」という解釈である。

再確認型は現在の話し言葉では、一つのまとまった意味となっていて、「じゃん」のようになるが、否定疑問型は、文字通り「では＋ない＋か」というようにそれぞれの意味が生きている。ややこしいことに、話し言葉では、「じゃないか」の「か」が略されることもある。すると、文字列としての「○○じゃない」は三通りの意味となる。例えば、「変じゃない」で考えてみると、音調によって、三通りの解釈になる。一つは、文字通りの否定である。この場合の音調としては、「変じゃ、ない」のように「ない」の前に間を置いて、強く「ない」(「な」を高く「い」を低く)を発音できる。このほかに、「変ではないか?」という否定疑問の場合は、最後を疑問らしく上昇させる発音となる。これは否定の意味を疑問にした発音と言える。

難しいのが、「変じゃない」と言いながら、「変だ」ということを表す場合である。これは「じゃない」が一つにまとまって「だ」の断定の意味も含みつつ、一つの終助詞のような「変じゃん!」という再確認的な意味の用法と言える。注意喚起するような意味とも言えるかもしれない。この場合の発音は「じゃない」が一つの表現としてまとまっている点で、いっきに下げる音調だ。なお、名詞や形容動詞でない場合、「いいじゃないか!(=いいじゃん!)」のように、「じゃない」がそのままくっつくのは終助詞のように一語化した、再確認型の意味の場合だけである。否定疑問の場合は、「いいんじゃない?」のように「ん」が入る。

もっとも、少し前までは動詞などに「じゃない」をそのままつけるのに抵抗があった人もあったようだ。宮沢賢治『セロ弾きのゴーシュ』のかっこうの場面には「見ろ、夜があけるんじゃないか」という一節がある。現代ならば「夜が明けるじゃないか」というところだろう。現代の言葉遣いにするなら「夜が明けるじゃん」とでもするんじゃないか。

(森山卓郎)

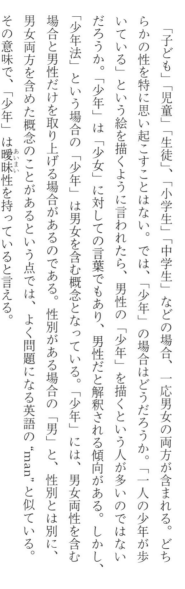

少年 青年 若者

「若者」は男性？ 女性？

「子ども」「児童」「生徒」、「小学生」「中学生」などの場合、一応男女の両方が含まれる。どちらかの性を特に思い起こすことはない。では、「少年」の場合はどうだろうか。「一人の少年が歩いている」という絵を描くように言われたら、男性の「少年」を描くという人が多いのではないだろうか。「少年」は「少女」に対しての言葉でもあり、男性だと解釈される傾向がある。しかし、「少年法」という場合の「少年」は男女を含む概念となっている。「少年」には、男女両性を含む場合と男性だけを取り上げる場合があるのである。性別がある場合の「男」と、性別とは別に、男女両方を含めた概念のことがあるという点では、よく問題になる英語の“man”と似ている。その意味で、「少年」は曖昧《あいまい》性を持っていると言える。

「青年」はどうだろう。やはり「一人の青年」という言葉は男性の方だと解釈される。「一人の青年がやってきて、私に協力を頼んだ。｛彼女・彼｝は熱心なボランティアだった」という文で、「彼」「彼女」を選んでもらった場合、「彼」を選ぶ人が多いと思われる。しかし、この「青年」という言葉も本来はやはり男女両方を含む言葉である。例えば、「青年海外協力隊」には男女両方が含まれる。そういう点で、「少年」と似て、ジェンダーに偏向のある言葉ということになる。ただ「少年」には「少女」という対応する言葉があるが、「青年」には「少女」のような対応する言葉、例えば「青女」のような言葉はない。

「若者」も同様のジェンダー的偏りがあり、その点で、曖昧である。「一人の若者が芋を焼いていました」などと言えば、それは若い男性だと解釈する人が多い。しかし、人の集合として言う場合は違う。例えば、「近ごろの若者は電子機器の扱いに慣れている」とか「若者の祭典」とか言う場合、そこには「若い男性」も「若い女性」も含まれていて、特にジェンダー的偏向を持つわけではないだろう。特に若い女性のことをあえて言おうとすれば「娘」という言葉がある。考えてみればおかしなことで、「息子」は完全に誰かの「息子」に限定されるが、「娘」は、若い年齢層の女性を指すこともある。

というわけで、年齢とともに人を表す「少年」「青年」「若者」などは、特に「特定の場面での誰か」を指す場合、大体その人は男性と解釈される傾向がある。これに対して、全体的な人の集合として、特に社会的な文脈で抽象的に年齢に言及する場合、男性も女性も含む。

言うまでもなく、男女は完全に平等である。いや、「男女」のいずれかでなければならないということもない。「人」には多様性がある。しかし、言葉には、それまでのものの見方・考え方が反映していることもある。言葉の曖昧性はそれについて考えるヒントになる。

（森山卓郎）

女子大生　女子大学生　女子高生

「女子大生」は女子の大学生？　女子大の学生？

学校に通っている人のことを呼ぶとき、多くの場合、並列されるカテゴリーとともに対立するカテゴリーが意識されている。例えば、「学生」には「社会人」。ただし、「学生」というと言葉の指す範囲が広いため、高校生や大学生というカテゴリーと性別で区分したのが「女子高校生」、「女子大学生」という呼び方である。そこから「校」「学」が脱落した省略形の「女子高生」や「女子大生」も使われるが、男子校や共学校と差別化する場合は「女子校生」となる。

かつて高等教育は男子中心で、「学生さん」は男子のことだった。太宰治《だざいおさむ》の作品には「女生徒」（一九四〇年）があり、次の例の「女学生」や「女生徒」は、高等女学校に通う生徒など「女学校に通う非社会人」という意味であったが、今ではほとんど見かけない。

・「戦後に一層女子の体育が盛んになり、女学生の帽や服装に男子と同じものを用いてまで、活潑な運動に適するように努力しています」（与謝野晶子《よさのあきこ》　一九二一年「女らしさ」とは何か）

・「去年の暮から春へかけて、欠食児童のための女学生募金や、メガフォン入りの男学生の出征兵士や軍馬のための募金が流行し」（寺田寅彦《てらだとらひこ》　一九三二年「千人針《せんにんばり》」）

ちなみに、一九七〇年代まで存在した『女学生の友《じょがくせいのとも》』（一九五〇年～　通称「女友《じょとも》」）という少女向け文芸誌の読者層は小学生から中高生までで、「女学生」の指し示す範囲は曖昧《あいまい》だった。「女学生」に変わる「女子学生」も主に高校生以上と対象範囲が広いが、「女子児童」「女子生徒」との対比では大学生以上を指して「女子大生」と接近する。「女子大生」には「女子の大学生」と「女子大学の学生」の二つの読みが可能だが、「女子の大学生」と理解されることが多い。「女子大生の就職難」「女子大生アスリート」といった表現では「女子の大学生」という意味が優先され、これは「女子高生」が「女子校生」に対して「女子の高校生」と理解されることも影響しているだろう。そもそも「女子大学の学生」は「女子の大学生」に含まれるため、話題が特に「女子校」「女子大学」を意識させる文脈では「女子大学の学生」の意味が優先されるが、個々の大学名と共に「お茶女生」など「〇〇女生」という呼び方があるなど、「女子大学」という括《くく》りを必要とする場面はあまり多くないと言える。

「女子〇〇」は、もともと男子と対立するものだが、一括りにして社会的あるいは商業的に特徴付けされた集団をも表す。「理系女子（リケジョ）」や「大人女子」「女子会」がその例で、「女子」の表す意味が年代を超えて対象の範囲を広げている。

（川端元子）

★学生（→36ページ参照）、少年　青年　若者（→72ページ参照）

＊引用文中の傍線は筆者による

知らない

知っている人なのに「あなたなんか知らない」？

「この曲は知らない」「物の価値を知らない」「戦争を知らない世代」と言うとき、「知らない」は「記憶がない」「認識していない」「把握していない」といった意味で使われている。しかし、「勝手にしなさい。あなたのことなんてもう知らない」「あーあ、壊しちゃった。私知らない」「辞めた会社がどうなろうと知らない」という文では、「関知しない」「責任を持たない」の意味になる。「知らない」の「知る」が「記憶する・認識する」／「関知する・責任を持つ」のどちらの意味で使われているか、私たちはどのように判断しているのだろうか。

「関知する・責任を持つ」意味の場合、その対象に対する記憶あるいは認識があることが多い。つまり、「勝手にしなさい。あなたのことなんてもう知らない」と言った場合、「あなた」に関する記憶がないわけではない。むしろ、このような発言は、親子や友人、恋人など、よく見知った親しい関係の人に対して多くなされるものである。「あーあ、壊しちゃった。私知らない」という文においても、「私」は物を壊した現場を目撃しているわけで、むしろ物を壊した件に関する記憶は鮮明である。

また、「関知する・責任を持つ」という意味の場合、「知る」は多くは否定形（「知らない」など）か反語（「知るか」など）の形で用いられるが、これを肯定の形にすると不自然になる。例えば、「記憶する・認識する」意味の場合、「この曲は知らない」という文は「この曲は知っている」、「物の価値を知らない」という文は「物の価値を知っている」と、それぞれ肯定の形にすることができる。一方、「関知する・責任を持つ」意味の場合、「勝手にしなさい。あなたのことなんてもう知らない」という文は、「勝手にしなさい。あなたのことなんてもう知っている」などと肯定の形にすると不自然である。「あーあ、壊しちゃった。私知らない」という文も、「あーあ、壊しちゃった。私知ってる」という形にはできない。

さらに、「記憶する・認識する」意味の場合、「知らない」の前に「よく」「全然」を入れることができるが、「関知する・責任を持つ」意味の場合はそれができない。「この曲はよく（／全然）知らない」「物の価値をよく（／全然）知らない」とは言えるが、「勝手にしなさい。あなたのことなんてもうよく（／全然）知らない」「あーあ、壊しちゃった。私よく（／全然）知らない」とは言えないのである。また、この「関知する・責任を持つ」の意味の場合、過去形にすることもできない。すなわち、「あーあ、壊しちゃった。私知らなかった」「辞めた会社がどうなろうと知らなかった」とは言えないのである。

（渡辺由貴）

数日

数日待てって何日待つの？

「数日待ってくれ」と言われたら、何日待てば良いのだろうか。「数人」「数年」「数回」なども、その具体的な数はいまいちよくわからない。『日本国語大辞典』第二版では「数―」の項目を調べると「三～四、五～六くらい」、『大辞泉』では「数人《すうにん》」の項目に「二、三か五、六ぐらいの人数」とある。『新潮国語辞典　現代語・古語』第二版では「数《すう》」の項目に「体言の上に付けて、十に満たない程度の数を示す」となっていて、かなりの幅が許されている。古い辞典では一〇以内など広い範囲を指すが一九八〇年以降に二、三を指す場合が増える[*1]という。ＮＨＫ放送文化研究所が行った一九九六年と二〇〇二年の二回の調査でも、「数日」を若い世代の方が短くとらえる傾向にある[*1、*2]というから興味深い。これでは私

たちは十分な正確さでお互いの意思を伝え合うことができないのではないか、とさえ思えてくる。

さて、「数――」はそのあとに続く漢字を限定的に修飾する点で形容詞的な意味を有している。「いくつかの」「いささかの」などと同様に、数や量の少なさを相対的かつ曖昧《あいまい》に表現するのがこの言葉なのである。人間がコミュニケーションに使うことで発達してきた自然言語は、数学や論理学に使われるような厳密な形式言語と違ってこうした曖昧さを本質的に含む。その曖昧さのおかげで私たちは実際に直面した場面によって解釈を柔軟に変え、他者と情報や状況を共有しながら事態を円滑に進めることができるのである。その意味では「数日」は「曖昧でもいい」のではなく「曖昧でなければならない」とも言える。「数日待ってくれ」が語用論的に機能するのは、今すぐにはできないという状況と、そう遠くない日に完成させる姿勢を辞めないということが話者同士に了解されればいい場面でのことであって、取り立てて重要な案件の差し迫った〆切であるなら「二日後の昼の一二時まで」など絶対的な時間表現を使うだけのことである。逆に友人へのちょっとしたお願いについて、「数日の内に頼む」ではなく「〇〇日〇時〇分まで」などとすれば二人の良好な関係に影が差す恐れがある。浪費したことを言いとがめられたくない場面で「数千円しか使ってない」とか、二人きりで会っていたことを隠蔽《いんぺい》したいときに「数人で遊びに行った」などと言うこともあるかもしれない。曖昧であることこそがこうした表現を語用論的に可能にしている。「数日」は何日かわからないことに意義があるのである。

（加藤大鶴）

＊1　山下洋子・宮本克美「連載；平成14年度「ことばのゆれ」全国調査から(2)――短くなる「数日」」『放送研究と調査』53-06　2003年

＊2　深草耕太郎・坂本充「「数日後」は何日後？　第7回ことばのゆれ全国調査から(1)」『放送研究と調査』47-04　1997年

好きだ

「アンパンマンはみんなが好きだ」のアンパンマンの人柄は？

次の例文を見てほしい。

① アンパンマンはみんなが好きだ。

①は、二つの解釈が可能であることにお気づきだろうか。これは、

a アンパンマンが　みんなが　好きだ。

b みんなが　アンパンマンが　好きだ。

①a、bのそれぞれの傍線部の要素（感情の持ち主）を、「〜は」の形で書き換える（＝主題化する）と、いずれも①という共通の形になるため、曖昧《あいまい》さが生じるのである。ここで、①a、bの波線部の「が」を「を」に書き換えることができるという点に注目する。

a アンパンマンが　みんなを　好きだ。

b みんなが　アンパンマンを　好きだ。

このように、対象を表す「を」を「が」に置き換えられる表現の場合は、①と同様の曖昧さを生じさせる。ほかの例を見てみよう。

② 犬は猿が嫌いだ。

どちらがどちらを嫌っている？

③ 鈴木先生は佐藤先生が教えられる（＊ここでの「られる」は可能）。

誰が誰に教える？

④ 彼は私が叱りにくい。

誰が誰を叱る？

「が」と「を」が置き換えられる表現は、①・②のような「好き／嫌い」を表すもの、③のような「可能」を表すもの、あるいは④のような「難易度」を表すものなどに限られる。一般に、日本語では、動作の対象は格助詞「を」で表される。これに対して②〜④は、「を」「が」のどちらも用いることができるという、極めて珍しい表現である。「が」「を」の両方が用いられるという現象については、主語が目的語にもたらす影響の度合い（他動性）といった観点からの研究などもあるが、詳しいことは明らかになっていない。しかし、いずれの場合も、述語が状態を表す表現になっているという点は共通している。また、「を」「が」のどちらを選択するかは、言語に対する規範意識や世代差も関係している。いずれにせよ、「好きだ」という表現を取り巻く格助詞の使い方からは、いくつもの興味深い事実｛を／が｝読み取れるのである。

（久賀　朝）

★庵功雄「ガ〜シタイとヲ〜シタイ：格標示のゆれに関する一考察」『日本語教育』86　1995年

★森山卓郎『表現を味わうための日本語文法』岩波書店　2002年

すみません

お詫び、お礼、呼びかけに共通するものとは？

いろいろな意味で使われる挨拶《あいさつ》表現の代表は「すみません」である。謝るときはもちろん、お礼を言う場合でも使う。さらに、呼びかけでもよく使う。

もとは「（自分に落ち度があって）自分の気が済まない」といった意味だと思われる（「気持ちが澄まない」という見方もある）。基本にあるのは謝りの気持ちである。「申し訳ない」も、過失を認めて言い訳などをしないという意味だし、「謝る」は「誤る」から来たように、謝罪においては、「誤った」と過失を認め、申し開きをせず、自分の負い目を感じる気持ちを表すことが重要だと言える。

謝罪の場合は、「自分に落ち度がある」ということだが、「自分側に負い目がある」というように拡張的にとらえると、「お礼」にも連続する。これは、何かを貰《もら》って「悪いね」というのと心情的に共通する。すなわち、「相手から恩恵を受けて、負い目を感じる」のだ。これが「気持ちが済まない」という意味として使われる、お礼の「すみません」だ。お詫びとお礼は連続性があり、相手からの返答で「いえいえ、とんでもありません」などと共通の言い方もある。

お礼の「すみません」とは相手からの恩義に対して負い目を感じ、「気が済まない」という気持ちを伝えるものである。したがって、お礼の「すみません」は、小さい子などはあまり言わない。オトナの言葉なのである。負い目があまりない場合も「すみません」は使えない。ほめられたような場合や、応援へのお礼のような場合も、「ありがとうございます」は使えるが、「すみません」は使えない。例えば「君の作品はすばらしいよ」と言われて「すみません」と言うのはちょっと不自然で、何か別の事情があるように思われてしまうのではないか。

このお詫びの「すみません」は、相手の領域へ侵入する場合に使われる。「侵入のお詫び」なので、もともと言い訳できないといった強い落ち度があるわけではない。したがって、呼びかけの場合には「すみません」は使っても、「申し訳ありません」は使わない。「すみません」を使う場合でも、「相手に対して気が済まないなあ」という気持ちなので、いわばよそ行きの呼びかけになる。例えば遠慮のない家族間でふつうに誰かに呼びかける場合なら、「すまん!」とは言わないだろう。「おーい」「ねえ」「ちょっと」などではないだろうか。

ということで、「すみません」は相手に対して気が済まないと思うという深い配慮の言葉なのだ。「すみません」は澄んだ心を表す美しい日本語の一つと言えるかもしれない。

(森山卓郎)

★森山卓郎「お礼とお詫び」『国文学解釈と教材の研究』44-6　学燈社　1999年

早朝

早朝って何時？　早朝に起きない人の感覚では

太陽の動きは明るさの変化をもたらし、明るさの変化は時間の語彙《ごい》にも影響を与えるようになった。いわゆる昼間を表す語を大まかに時間順で示すと、暁、明け、朝、昼となる。

「暁」は、現代ではそれほど使われないが、夜明け近くのまだ暗いころまでの時間を指す。「未明」とほぼ同じ意味で、文字通り「未だ明けていない」ときのことである。その次は、明るくなるころで、「明け」「夜明け」「明け方」である。夜が明けるということから、ある時期が終わり新しい時期が始まる意味にも使われる。「梅雨明け」「夏休み明け」などの例がある。なお、「明け方」の「方」は、「明け方」だけでなく「暮れ方」のようにも使われ、「大体そのころ」の意味を表す。この「明け」のあたりの時間が、夜と昼の境目である。夜が明けたあとは、「朝」となる。

「朝」という語は、表す時間の意味が広く曖昧《あいまい》である。一般的には、夜が明けてしばらくの間を指すが、「しばらくの間」のとらえ方はさまざまである。正午まで午前中いっぱいの意味で使われることもある。こうなると、「朝」と「昼」の意味が重なってくる。「昼」も意味が広い。一般的には日の出から日の入りまでの明るい時間帯を広く指すが、もう少し狭い意味でとらえて、太

陽が高い位置にあるときと意識することも多い。このように、夜に関する言葉よりも昼に関する言葉の方が用法が広く、言葉の意味を曖昧にとらえていることが多い。特に、夜と昼の境界のあたりの時間を表す語彙は豊かで、太陽の出入りや明るさに対する意識がこまやかだと言える（もっとも、「真夜中」（→198ページ参照）などの語もある）。

その一方で、正確さが必要とされる気象庁では時刻に関する用語が決まっている。○時～三時が「未明」、三時～六時が「明け方」、六時～九時が「朝」、九時～一二時が「昼前」、一二時～一五時が「昼頃」となっている。昼間にかかわる曖昧な語が正確に整理されている。

ところで、現代人は、夜と昼の境目である「朝」を何時ごろととらえているだろうか。「朝」は幅のある時間のため特定の時間を答えにくいので、「朝」の始まりを表す「早朝」を何時ぐらいだと思うかという調査してみた。都内M大学の学生とその友人の大学生（合計一九八名）に聞いたところ、四八％が五時、四四％が四時と回答し、それ以外は八％にすぎなかった。多くの学生が、「早朝」を四時または五時と考えていることがわかる。

ちなみに、東京の日の出は、最も早いときが四時二五分ごろ、最も遅いときが六時五○分ごろ、春分の日・秋分の日のころが五時半ごろのようである。これを参考にすると、大学生は、「早朝」を日の出の少し前か日の出ごろととらえていると考えることもできる。しかし、現代人は通勤・通学などの生活リズムで時間を考えている可能性もあり、断言するのは難しい。（石出靖雄）

★『日本国語大辞典』第二版　小学館　2003年
★日本気象協会ホームページ

そうなんですね

知っていることのように言われましても

「そうなんですね」という相づちについて、現在の用法は大きく二つに分けられる。

①「ルビーとサファイアはほぼ同じ宝石だと聞いたことがあるのですが」
「そうなんですね。同じ鉱物ですが、混ざっている不純物の種類が違うんですよ」

②「ルビーとサファイアは不純物の種類が違うだけで、同じ鉱物なんですよ」
「そうなんですね。それは初めて知りました」

①は、相手からの確認に対して、「その通りである」と肯定するものである。自分と相手の認識が一致し、相手の発言に強く共感した場合にあらわれる。

②は、相手の主張に対して理解を表明するものであり、自分の知らない情報を相手が提示した場合にも用いられる。従来は「そうですか」「そうなんですか」という相づちであったが、現在ではこの用法の「そうなんですね」が相当に広まっている。この用法については、「ね」が本来相手も当該の知識を持っている場合に使用される助詞であるとして、「文法的には間違いで、不自然」「不自然だ、違和感があると批判されながらも、近年非常に多くなっている」「おおむね二

〇〇〇代初頭に現れ、二〇〇〇四年頃にはかなり目立った現象」と指摘されている。*

二〇一〇年代初頭には「不自然だ、違和感がある」との批判も多かったわけであるが、二〇一五年に芥川賞を受賞した純文学『火花』では、②の用法の「そうなんですね」が多用されており、このときまでには定着していたといって良さそうである。

「知ってる？　神谷、もう首まわらんくらい借金でかなってんねん」

大林さんは、言い難そうな表情とは不釣り合いの大きな声でそう言った。

「そうなんですね」

（又吉直樹《またよしなおき》『火花』、文藝春秋、二〇一五年、*p*.101）

現在では、この「そうなんですね」について肯定的にとらえられることも少なくなく、話術やマナーとして、相手に共感したり、相手のことを受け入れたり、ほめたりするために使うことをすすめるような立場もある。共感を表すために用いられるという点においては、①の用法とのつながりも見られる。本来は自分と相手が同じことを考えている、という認識から用いられていた「そうなんですね」が、相手が言ったことを自分事のように受け入れるために用いられている、というのが現状なのではないか。

②のような場面において、本来の「そうですか」「そうなんですか」を聞くことが減ったように思われる。「昔は『そうですか』という相づちがよく使われていたんだよ」「そうなんですね」という会話がなされる日が来るかもしれない、などとも考えるが、さて。

（石川　創）

＊小林美恵子「あいづち『そうなんですね』考——使用に対する評価と定着の可能性」『ことば』33、現代日本語研究会　2012年

そんな

「そんなもの」＝価値のないもの？

「そんな」は指示詞の一つである。①と②を比べるとわかるように、「それと同じような」という意味を表す。

①　いいカバンだね。私もそのカバンほしいなあ。

②　いいカバンだね。私もそんなカバンほしいなあ。

「そんな」を使った②の場合、まるっきり同じでなくても良い。しかし、「そんな」にはもう一つ、話し手が持っている「大したことがない」「実現性が低い」という評価・態度を表す機能があり、使うときには注意しないといけない。

③　そのカバン、いつも持って出かけてるの？

④　そんなカバン、いつも持って出かけてるの？

③と④の「そんな」は実際には相手の持っている具体的な一つを指して言っている。「同じようなもの」ではなく。「具体的な一つ」を指した場合には、「そんな」は低評価のレッテルを貼る表現になる。

相手が言葉で述べた場合でも同じである。これは筆者が実際に体験したやりとりである。

⑤　教員：私のハンコが必要な書類はありますか？
　学生：そんな書類はありません。

この返答は非常に強く拒絶されたように感じた。「ありません」と端的に返事されるよりも明らかに印象が悪い。このようなときは「そのような書類はありません」のように言う方が相手の印象を損ねない。低評価を意図していないのであれば、相手のものに対して「そんな」を使うのには注意が必要である。

また、「そんな」には感動詞の用法もある。この場合もやはり「否定」と結びついている。否定文の前の相づちに使ったり、信じられないという気持ちを表すのに使う。

⑥　A：すばらしいスピーチでした。
　B：いやー、そんなー、とんでもないです。

⑦　A：明日は雨らしいよ。
　B：えー、そんなー。

「こんな」「あんな」にも否定的な評価を表す用法がある。メカニズムも同様で、「これと似たような」という意味ならば通常の表現だが、具体的な本に対して「こんな本」と言ってしまった場合、低評価の烙印《らくいん》を押してしまうことになるのである。

（中俣尚己）

★堤良一「ソンナNの感情・評価的意味はどのように生じるか」『岡山大学文学部紀要』64　岡山大学文学部　2015年

★中俣尚己「日本語に潜む程度表現」庵功雄・佐藤琢三・中俣尚己 編『日本語文法研究のフロンティア』くろしお出版　2016年

大体　およそ

大体およそどのくらい？

大学生向けの参考書では、話し言葉の「大体」を、論文やレポートにふさわしい「およそ」に置き換えることが推奨される場合がある。* つまり、両者は〈機械的に置き換え可能なほどに、ほぼ同じ意味である〉と認識されていることになる。

確かに、「大体」と「およそ」は「この範囲を指す」という基準も定義も存在しない点で共通しているが、実際のところ、両者の意味は同じだと言えるのであろうか。確かめるため、大学生一一八名に二つの質問をした。一つ目は、「あなたは同窓会の世話人である。一一六人から出席の連絡が来ている。『大体の人数で良いので、どのくらいの人が来るのか教えてほしい』と聞かれたら何と答えるか」というものである。二つ目は、一つ目の質問文の「大体」を「およそ」に置き換えたものである。結果、「大体」と「およそ」の人数として全く同じ数字を回答した人は七九名（六六・九％）であった。三割以上の回答者においては、両者の人数が異なっていた。この結果を見る限り、「大体」と「およそ」の意味は同じであるとは言い切れず、かと言って七割弱の人にとっては同じであるという中途半端な状況である。

ここで、先の質問への回答に見られた個人差に注目したい。二つの質問のいずれにおいても、「一〇〇人」と答えた人がいれば「一三〇人」と答えた人もいた。「およそ」と「大体」のいずれにおいても、回答者が丸めて示した人数には三〇人もの幅があったのである。

誰しも日常的に使用する機会が多いのは「大体」の方だろう。そこで、「大体」がイメージさせる程度を確認すべく、同じ大学生に対し「あなたは、友人と分担してデータ入力作業に取り組んでいる。友人から『大体終わった』と言われたら、何%終わったと想像するか」と問うてみた。結果、最も多かったのは「八〇%」で、四九人（四一・五%）が回答したが、回答全体では「六〇%」から「九八%」までの幅があった。「大体終わった」と言った側は「六〇

＊石井一成『ゼロからわかる大学生のためのレポート・論文の書き方』ナツメ社 2011年

％」のつもりでも、聞いた側は「九八％終わったんだな」と思うかもしれない。逆もまたしかり。使う場面によっては、甚だ危険な言葉なのである。

しかし見方を変えれば、「大体」は人間関係のストレス軽減に貢献している。「六〇％」と言われた相手は、「えっ？　まだそれだけ⁉」と衝撃を受けるかもしれない。「九八％」と言われたら、「えっ？　もうそんなに⁉」と焦るかもしれない。しかし「大体」を使えば、およそそのような心配は無用である。解釈は相手の大体の感覚にゆだねるだけで、平穏が維持される。「大体終わった」の背後には、そうした無意識の思いやりが潜んでいるのかもしれない。とはいえ、正確さが求められるビジネスの現場などでは乱用しないようご用心を。

（増地ひとみ）

column

カッター

「カッター」と言えば、「切るもの」。カッターナイフなどを想像する人が多い。しかし、関西方言では「カッターシャツ」の略称で、この「カッターシャツ」とは「ワイシャツ」のこと。ちなみに、ワイシャツはホワイトシャツ “white shirts” からきているとされる。

関西地方の先生が東北地方の先生に「明日の研究発表会はカッターで行く」と言ったら、「カッターナイフで行く？　いったい何をしに？」のように、目が点になったという話を聞いたことがある。

なお、ほかにも「カッター」はある。競技などでこぐ舟も「カッター」だし、船に積むボート（端艇）もカッターと呼ぶことがある。英語では帆があるヨットのような船も「カッター」と呼ぶことがあるようだ。また、米国沿岸警備隊の巡視船も「カッター」と呼ぶ。まあ、研究発表会に船のカッターで行くという誤解はあまりないように思われるのだが。

ただいま

「ただいま」はいつからいつまで？

「ただいま」は「いま」を強調した語である。帰宅時の挨拶《あいさつ》としては、「ただいま、お腹すいた！」のようにくだけた使い方もなされるが、「いま」という時間を表す用法では、「ただいまより開会式を行います」のように、あらたまった場面・丁重な会話で使われることが多い。

この「ただいま」は、「いま現在」だけでなく、「ごく近い過去」「ごく近い未来」のことも指す。「ただいまご指摘のあった件について回答します」という文では、「ただいま」は「ごく近い過去」を表している。この文で、「ご指摘」があったのは、数秒前かせいぜい数分前という、ごく近い過去であろう。「ただいま計測中です」「ただいま午前一〇時一五分です」という文では、「ただいま」は「いま現在」を表す。「ただいま計測中です」という文は、まさに現在計測をしている最中であることを、「ただいま午前一〇時一五分です」という文は、ちょうどその時間であることを述べている。「ただいまご用意いたします」という文では、「ただいま」は「ごく近い未来」を表し、現在は用意が整っていないが、このあとすぐに用意をするという意思を述べている。

「ただいま」が過去・現在・未来のどの時点を指しているかは、その文が過去形であるか、進

行形であるかなど、その文脈により判断される。例えば、「ただいま戻りました」はごく近い過去に戻ったこと、「ただいま戻っています」は現在戻っている最中であること、「ただいま戻ります」はごく近い未来に戻ることを述べている。

「たったいま」は「ただいま」が変化した語とされる。ただし、「たったいま」は、「たったいま戻りました」「たったいま昼食を済ませたばかりだ」のように使われ、現代では主に「ごく近い過去」を指す語であり、「ただいま」のように「いま現在」や「ごく近い未来」を表すことはほとんどない。

「いま」は「ただいま」「たったいま」より長い時間の範囲を表すことができる。「いまの若い人は真面目だ」という文では、「いま」は「現代・いまの時代」を意味するが、「いま」を強調した「ただいま」「たったいま」はこのような使い方はできない。

また、「現在」は過去・未来を表せない。そのため、「現在ご指摘のあった件について回答します」(過去)「現在ご用意いたします」(未来)とは言えない。「ごく近い未来」を表す語には「いますぐ」「すぐに」があり、「いますぐ戻ります」「すぐに調べます」のように使われるが、これらは「ごく近い過去」や「いま現在」を指すことはできない。

	近い過去	いま現在	近い未来
いま	○	○	○
ただいま	○	○	○
たったいま	○		
現在		○	
いますぐ・すぐに			○

(渡辺由貴)

ため

目的と理由で違うところは……？

「ため」は目的を表す基本的な表現である。

①ラーメンを食べるため、車を走らせた。〈目的〉

しかし、この「ため」は原因を表すこともある。

②ラーメンを食べすぎたため、お腹が痛くなった。〈理由〉

右の例文は動詞に接続しているが、「～のため」という形で名詞に接続することもある。

③準備のため、明日は早起きする。〈目的〉

④準備のため、まだ会場には入れません。〈理由〉

このようにして見てみると、「目的」と「理由」は基本的には後ろの文が動作を表しているか、結果を表しているかによって区別されている。「目的」と「理由」はどちらも因果関係を表すという点で共通している。ただその順序が逆になっているだけである。③では早起きを行い、その結果として準備をすることができる。④では準備を行い、その結果としてまだ会場には入れないという状態が生まれている。

目的の「ため」と理由の「ため」には実はもう一つ大きな違いがある。それは単語の「かたさ」である。例えば幼稚園ぐらいの子どもに「どうしててるてるぼうずを作るの？」と目的を聞かれたときには、「明日、雨が降らないようにお願いするためだよ」と答えることはあるだろう。しかし、同じ子どもに「どうしてピクニックに行かないの？」と理由を聞かれたときには「雨が降っているためだよ」と答えることは少ないと考えられる。小さな子どもには「雨が降っているからだよ」と答える人が多いだろう。つまり、目的の「ため」は小さな子どもに使える「やさしい」表現であるが、理由の「ため」は「かたい」表現である。大人の言葉と言ってもよい。

一方で、現在、公的な文書を言語的弱者（外国人、お年寄り）のために「やさしい日本語」に書き換えるという活動が行われている。しかし、大学生を対象にした調査で、理由の「ため」を含んだ文書の書き換えをさせると、目的の「ため」は「やさしい」という意識からか、この部分を書き換えずにそのまま「ため」で提出した学生がかなりいた。なお、日本語を学ぶ外国人は多くの場合、初級レベルで理由の「から」と「ので」、そして目的の「ため」を習い、中級レベルで理由の「ため」を習う。こういうことも知っておきたい。念のため。

（中俣尚己）

★中俣尚己「「やさしい日本語」と「初級日本語」の接点——日本人学生が選んだ「やさしい」形式」『京都教育大学国文学会誌』48　京都教育大学国文学会　2020年

注意する

「寝ないよう注意する」……眠いのは相手か自分か？

「寝ないよう注意する」という文から、どのような場面が想像されるだろうか。先生がうとうとしている学生に対し、「授業中ですよ、起きてください」と呼びかけている場面を思い浮かべた人も、学生自身が居眠りをしないよう決意し、目を見開いている場面を思い浮かべた人もいるだろう。

「子どもに注意する」という文も同じく、いくつかの意味に解釈できる。例えば、図書館で騒いでいる子どもに対し、静かにするよう「強く言い聞かせる」という意味かもしれない。運転中、脇道から飛び出してくるかもしれない子どもに「警戒する」という意味にも解釈できる。

このように、「注意する」には複数の意味があり、大きく次の三つに分けることができる。

さて、これらの三つの意味の違いはどこにあるだろうか。

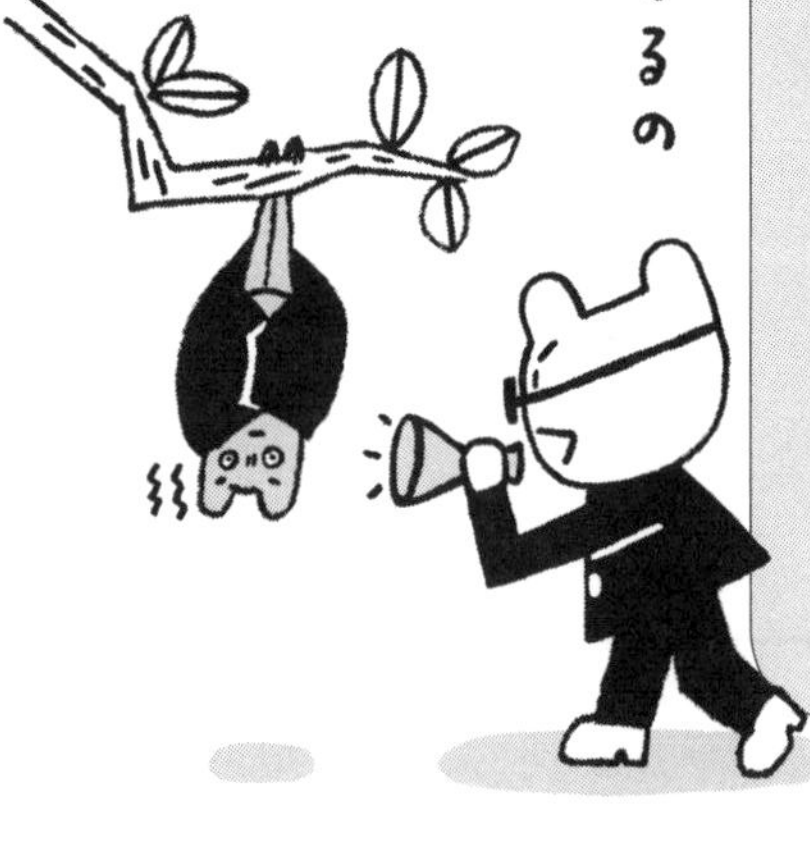

①「（気をつけるよう）強く言う」
・割り込み乗車をした人に注意する
・無断欠勤を注意する
・私語を注意する
②「（悪いことが起こらないよう）用心する・警戒する」
・落石に注意する
・空き巣に注意する
・余震に注意する
③「気を配る・留意する」
・栄養バランスに注意する
・LとRの違いに注意する
・模様の向きに注意する

①「強く言う」は他者に働きかける「行動」であり、②「用心する・警戒する」と③「気を配る・留意する」は自分の中の「思考」である（ただし、「空き巣に注意」して防犯カメラを設置するなど、「思考」した結果、何らかの「行動」につながることはあり得る）。つまり、①のときは、注意を受ける人物が存在する（例えば、「割り込み乗車をした人」「無断欠勤をした人」が注意を受ける）。

②③は自分の中の「思考」という点で共通するが、明確に悪い事態・望ましくない事態を想定して注意を向けるのが②、それ以外のことへ注意を向けるのが③である。②の「落石に注意する」は、「落石による事故という悪い事態が起こるかもしれないから用心する」という意味であり、この意味のときの「注意する」は「警戒する」と言い換えることができる。一方、③の「栄養バランスに注意する」は、「栄養バランスの良い食事となるよう気を配る」という意味であり、「栄養バランス」は悪い事態を引き起こすものではない。このときの「注意する」は「警戒する」と言い換えることができず、「栄養バランスに警戒する」「LとRの違いに警戒する」とは言えない。

（渡辺由貴）

ちょっと

「ちょっと無理」の「ちょっと」

「ちょっと」の用法はちょっと多岐にわたっている。

① この服はちょっと大きい。／ちょっとお腹がすいた。／ちょっと遅れます。

②（上司が部下に）この書類、ちょっとわかりにくいね。

③ A：今夜、飲みに行かない？　B：今夜はちょっと無理かな。

「ちょっと」の基本的な用法は①の数量や程度、時間がわずかだという〈低程度〉を表す用法である。それが②のような文脈では、「ちょっと」が相手への配慮として用いられることがある。〈わかりにくさ〉には程度があるので、②の「ちょっと」は低程度の意味にも取れるが、実際は非常にわかりにくかったとしても、相手への非難の程度を抑えるために「ちょっと」が使われることもある。①②の用法では「ちょっと」を「少し」と置き換えることもできる。

③でAが聞いているのは「行くか行かないか」で程度問題ではなく、Bの答えは、少しの時間だけ行けないという意味ではない。③の「ちょっと」は、断りによる相手の負担への配慮と考えられる。「ちょっと教えてくれない？」「ちょっと映画でもどうですか」のように依頼や勧誘の場

合にも「ちょっと」を使うのも同様である。「ちょっとその漫画見せて」と言われて、本当に少しの時間で済む場合もあれば、なかなか漫画を返してもらえない場合もあるだろう。「ちょっと食事でもしませんか」といっても、食事時間が短いことや食べる量が少ないことを表しているわけではない。具体的な時間や量を想定しているのではなく、依頼や勧誘によって生じる負担が大きくないことを表そうとして「ちょっと」を使っていると考えられる。

「ちょっと、何でそんなこと言うの」のように、依頼や勧誘だけでなく文句をいうときにも「ちょっと」は使われる。「ちょっとー！」などと怒る場合もある。これらの例も相手に負担がかかる場合の用法から広がったものだろう。

相手への配慮としての「ちょっと」の用法はさまざまな曖昧《あいまい》表現を生んでいる。客の「大根、ありませんか」という問いに店員が「ちょっとないですね」と答えることがある。本来は「あるかないか」に程度はないが、客にとって望ましくない「ない」という答えに「ちょっと」をつけることにより相手への配慮を示していると考えられる。「ちょっと」のあとの表現を言わず「今日はちょっと……」「彼はちょっと……」などと曖昧にして続きの理解を聞き手に委ねることもある。表現としてはより曖昧になるが、想定される続きは断りであり、「ちょっと」は③と同様の役割を担っている。

「ちょっと」の用法は幅広く、ときにちょっと曖昧な印象をもたらしている。

（苅宿紀子）

★彭飛『「ちょっと」はちょっと――ポン・フェイ博士の日本語の不思議』講談社　1994年
★牧原功「配慮表現「ちょっと」の機能と慣習化――ポライトネス理論からの再検証」山岡政紀編『日本語配慮表現の原理と諸相』くろしお出版　2019年
★山岡政紀「配慮表現の分類と語彙」同上

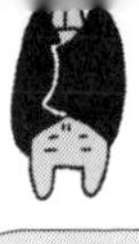

つく

曖昧《あいまい》な境界線をどう区切る？

日本語には同音語が多い。特に語源的につながりのある動詞は、漢字の書き分けが難しい。同じ漢字で意味が少し離れているときもあれば、漢字は異なるが意味はほとんど同じ場合もある。違いがはっきりしない、つまりは境界線がぼんやりしたケースが少なくない。

そんな厄介《やっかい》な言葉の一例として自動詞の「つく」を挙げてみよう。

①付く　「レンズにほこりが―」「夜勤手当が―」「差が―」
②着く　「バスが駅に―」「天井に手が―」「食事の席に―」
③就く　「定職に―」「王位に―」「部長の任に―」
④点《つ》く　「火が―」「明かりが―」「テレビが―」

これらの意味・用法にはどんな共通点があるのか、観察してみよう。

①「付く」の主語になるのは、固体、液体、においのように知覚できるものから、「肩書き」「税金」「文句」「ケチ」まで幅広い。また、相手に対して新たに発生する「（本の）折り目」「（包丁の）サビ」「勢い」「脂肪」などもある。「決心」「連絡」「見通し」「折り合い」など、最終的に定まっ

た状態を指す場合もあり、これらはもっぱら「つく」と平仮名で書く。
②「着く」は移動して、ある場所に「到着」「到達」することに重点が置かれる。「天井に手が」の例は「中学生の孫は……」なら「背が伸びたね」という感動を表すが、「ペンキ塗りたて」で「接触」が気になるなら「付く」が選ばれる。「席に着く」のは瞬間的だが、そこに一定期間座って仕事をするなら③「就く」である。「王座」や「社長の椅子」をイメージすれば明解だろう。
人物について言うときは、「付」と「就」が使い分けられることもある。いわゆる「付き人」や「見張り」は「付く」こともあるが、師事する場合は「就く」こともある。「味方に―」の場合はどちらもあり得るが、大抵平仮名で書く。
④「点く」は、火が燃え始めたり、明かりがともったりすることを指す。
以上から、「付く」「着く」「就く」「点く」の共通フレームを「AがBに接触して、Bに変化を生じさせる」と考えてみたい。どこに重点が置かれるかは、それぞれ多少異なる。「どう書くか」も意味を見分けるヒントとなる。典型的な用法は漢字で書くが、実質的な意味が薄い場合や、ほかとの境界線がはっきりしない場合は平仮名を使う。「点く」は漢字より平仮名が好まれるが、常用漢字表にない読みであることと、「付く」に含める人が多いのがその理由だろう。平仮名で書いておけば、言葉の意味の境界線をぼかしておけて便利である、なんて結論にたどりつく。（大塚みさ）

★つく　つける（↓104ページ参照）

くっつける

何が「つい」て誰が「つける」のか

①「洋服にご飯粒がつく」と②「洋服にご飯粒をつける」は、結果的に両方とも「洋服」に「ご飯粒」が付着した状態を生じることに変わりない。しかし、①「つく」の文では、くっついた「ご飯粒（が）」が主語で、目的語がないが、②の「つける」には「ご飯粒（を）」という目的語がある。そして、②には、本文に書かれていないだけで、意志を持ってその結果を引き起こした動作の主が想定される。例えば「ある女が洋服にご飯粒をつけた」のように表現することもできる。前者のタイプの動詞を自動詞といい、後者のタイプの動詞を他動詞という。

ここで使われている動詞「つく」と「つける」をローマ字で書くと“tuku”“tukeru”となり、“tuk”という共通要素を持っていることがわかる。このような共通要素を持つ自動詞・他動詞のペアは、ほかにも「しずむ」と「しずめる」、「おれる」と「おる」、「まがる」と「まげる」、「よごれる」と「よごす」など多数ある。一方で、ペアがない自動詞・他動詞も無数に存在する。自動詞「あるく」「はしる」「ある」「なる」や、他動詞「はなす」「ゆるす」「かんがえる」などである。このペアがあるものとペアがないものに着目し、ペアがある方の他動詞（有対他動詞）には、

「働きかけの結果の状態に注目する動詞が多い」、ペアがない方の他動詞（無対他動詞）には、「働きかけの過程の様態に注目する動詞が多い」（p.179）という性質が見出されている。* 例えば、「ご飯粒をべったりつける」の場合、「べったり」はご飯粒のついた結果を表すが、「将来のことをしっかり考える」の場合、「しっかり」は考えた結果というよりは、どういう向き合い方をしているかという点に焦点があたっている、という具合である。テーマとした①「つく」と②「つける」のペアも、まさに自動詞・他動詞という、主体や目的語のあり方に違いがあるが、「付着する」という共通の結果の状態を生む動詞のペアである。

ただし、「つく」「つける」ほど意味の幅が広い語となると例外が生じるもので、例えば、「前半は四位につけた」のように「ある位置に身を置く」の意で「つける」が使われる例では、目的語が想定できないため、自動詞化している。また自動詞「つく」の主語は「ご飯粒」のように意志を持たないものが多いが、「味方する」を意味する「労働者側につく」の場合は、意志的である。この場合、対応する他動詞「つける」を使うよりは、「（ある人物を）労働者側につかせる」という使役表現がふつうだろう。このように、もとは同じであっても、意味の派生などによって自動・他動などの働きが変わることもあり、複雑である。

（市村太郎）

★つく（↓102ページ参照）

＊早津恵美子「有対他動詞と無対他動詞の違いについて――意味的な特徴を中心に」『言語研究』95（須賀一好・早津恵美子『動詞の自他』ひつじ書房　1995年）

で

「素晴らしい演奏で聴衆を感動させた」の感動は偶然？　必然？

① 素晴らしい演奏で聴衆を感動させた。

この文には、微妙な違いではあるが、二つの解釈がある。まず考えられるのは、「素晴らしい演奏で」が〈原因〉を表すという解釈である。この場合、「素晴らしい演奏」は、あくまでも偶然の産物であり、演奏者にはその意図はなかったということになる。もう一つ考えられるのは、「素晴らしい演奏で」が〈手段〉を表すという解釈である。この場合、「聴衆を感動させた」のは意図的であり、演奏者の計算通りであることになる。この点で、①の表現は曖昧《あいまい》であると言える。「斬新な演奏で｛首尾良く・幸い｝注目された」のように、副詞が意図的な〈手段〉の扱いのものか、意図のない〈原因〉の扱いのものかによって解釈が違うこともある。副詞などにも注意したい。

では次はどうだろうか。

②父が病気で困っている。

この場合、「困っている」という主語が「父」の場合と、そうでない場合、例えば話し手が「困っている」場合とがあり得る。前者の場合、「父は、病気で困っている」のように「は」にして、

「は」の後に読点を打つと、「困っている」まで係らせた解釈がしやすい。一方、後者の場合、「父が病気である」というまとまりができ、「で」は断定の助動詞の連用形になっている。「が」にしたままで「父が病気で、（別の人が）困っている」というように、「で」のあとに読点を打つとわかりやすくなる。別の例も挙げよう。例えば、「合格者が二人で喜んでいる」も、同様に意味が二つある。「合格者が二人で（一緒に）喜んでいる」という意味と「合格者が二人で、（別の人が、例えば、私が）喜んでいる」という意味である。

「〜で」には、品詞が異なることによる曖昧さもある。

③　腹ぺこで帰ってきた。

③の「腹ぺこで」は、文法的に、「名詞（「腹ぺこ」）＋格助詞（「で」）」という解釈と、形容動詞（「腹ぺこだ」）の連用形という二通りの構造に解釈できる。前者の場合は、「お腹がすいたので帰ってきた」と、〈原因〉で解釈するのが一般的であろう。後者の場合、「お腹がすいた状態で帰ってきた」と解釈される。

「で」にはいろいろなものがある。例えば「アイスクリームを口で溶かす」の「口」も場所なのか手段なのか曖昧だと言える。こうした格助詞の「で」に加えて、断定の意味の「で」もある。「で」の後に読点を打つかどうかでも解釈は変わる。思わぬ曖昧さを防ぐために、「で」では立ち止まりたい。

（久賀　朝）

★菅井三実「格助詞『で』の意味特性に関する一考察」『名古屋大学文学部研究論集』127　1997年

適当　適宜

「適当な答え」の反対は「テキトーな答え」？

「適当」には、「ふさわしい」「適切」「ほどよい」ということを表すプラス評価の意味がある一方、「いい加減」「おざなり」というマイナス評価の意味もある。

プラス評価の例としては、「新プロジェクトのリーダーとして適当な人を探す（①）」「空欄に入る最も適当な答えを選びなさい」「貴校への入学が適当と認められるので推薦いたします」などがある。例えば、①では、リーダーとして「適した」人を探すという意味である。

マイナス評価の例としては、「私は適当に相づちを打ちながら、ぼんやり外を見ていた（②）」「課題を適当に終わらせた」「適当なことを言わないでください」などがある。例えば、②では、「私」はろくに話を聞かず、「雑に」相づちを打っていたという状況が想像される。

「適当」はプラス評価からマイナス評価へと意味変化が起こった語であり、マイナス評価の意味が国語辞典に載るようになったのは、昭和二〇年代後期からであるという。* しかし、この相反する二つの意味を、私たちはどのように区別し理解しているのだろうか。

まず、プラス評価の「適当」は、「何に適しているのか」が想定できる。例えば、「適当な物件

がみつからない」という文では、探しているのは「住むのに適した物件」である。
　また、プラス評価の「適当」は、硬い文章やあらたまった会話の中で使われることが多く、マイナス評価の「適当」は、基本的にはくだけた文章や会話の中で使われる。例えば、プラス評価の「適当」はビジネスの場面や文書、試験問題等で多く使われる一方、マイナス評価の「適当」は、「テキトーに頑張る」のように、カタカナ表記になることもある。
　「いい加減」も「適当」と同様、プラス評価（「いい加減のお湯」）・マイナス評価（「いい加減な記憶」）の両方の意味がある。ただし、プラス評価の場合は、「「いい」と「加減」とが、それぞれ独立したアクセントで発音されるのが普通」（『日本国語大辞典』第二版）であり、アクセントからも意味を

＊新野直哉『現代日本語における進行中の変化の研究――「誤用」「気づかない変化」を中心に』ひつじ書房　2011年

判断することができる。

「適宜」は、「適当」「いい加減」と異なり、明確なマイナス評価の用法は持たない。しかし、「適宜休憩をとってください」「鍋に塩を適宜入れる」などの例では、「適宜」が「各自の判断で」の意味で使われており、その判断の自由度から、「いい加減」「なおざり」の意味に近い部分もあると言えよう。

試験の解答は「テキトーな答え」であってはいけない。入試の設問の表現を「適当なものを答えよ」から「適切なものを答えよ」のように変更した大学もあるとのことである。（渡辺由貴）

column

しあさって

「しあさって」の意味が違うところがあるので、要注意である。例えば東京では「しあさって」は「あさって」の次の日である。しかし、三重県では、「明日、明後日、ささって、明々後日（しあさって)」となっていて、「しあさって」は、東京の「しあさって」の次の日になる（若い世代では変わってきている)。

山の手線では、「次の電車」の意味が微妙に違っていて、「こんどの電車」の次が「次の電車」となっているが、順序性のある言葉ではその関係に注意が必要だ。

てくる ていく

自分にかかわる微妙な違い

「てくる」は補助動詞で、動作と移動を同時に行う場合や、動作を行ったあとに移動する場合に用いられる。

①神戸まで船に乗ってくる。

②神戸で船に乗ってくる。

①は船に乗ることと移動が同時に起こっている例で、②は船に乗ったあと、またもとの場所に戻るという意味である。②のような例は「ちょっと見てくる」のように、動作の重要性を相対的に小さくし、そしてすぐに戻ってくるという意味を表すのに使うことも多い。

「てくる」は自分がゴールにいるときに用いる。自分がスタート地点にいるときには「ていく」を用いるが、これは③のように移動と動作を同時に行う場合にのみ使う。こちらから何かを送るときに「×娘にミカンを送っていった」のようには言わない。

③机を部屋の前まで運んでいく。

ここまではいずれも空間にかかわる表現だったが、「てくる」「ていく」には時間にかかわる表現もある。この場合はどちらも「だんだんそのように変化する」という意味を表し、「てくる」と「ていく」の違いはかなり曖昧《あいまい》になる。その微妙な違いを考えてみよう。

④ジェンダーのバランスを考えることが、今後ますます重要になってくるだろう。

⑤ジェンダーのバランスを考えることが、今後ますます重要になっていくだろう。

どちらも「これから重要になる、その度合いが増す」という点においては変わりがない。しかし、「ていく」を用いた⑤の方がどこか距離感のある、他人事のような響きを感じさせるのではないだろうか。これは空間にかかわる「ていく」が、話し手がスタート地点にいて、そこから離れていくような動きを表すことに起因する。反対に話し手がゴール地点にいて、そこに近づくような動きを表す「てくる」は、時間にかかわる用法でも「自分のこととしてとらえる」というニュアンスを生み出す。

以下の二文の比較も同じである。

⑥女性の首長は珍しくなくなってきた。

⑦女性の首長は珍しくなくなっていった。

⑥は今現在の自分がいる地域や国について述べている。一方で⑦はどこか違う国とか、あるいは別の時代とか、とにかく今自分がいる場所ではないどこか別の場所について述べているように感じられる。

（中俣尚己）

★森山卓郎「方向・移動の形式をめぐって」『語文』49　1987年

ても

「見てもわかりません」って、見たの、見てないの？

「タラ・レバの話をするな」とは、巷《ちまた》でよく言われる言葉であるが、これは「もしも、○○をしたら」とか「仮に○○すれば」のように事実と関係ないような仮定の話を持ち出したり、覆《くつがえ》せない過去の事実に向き合わずに後悔したりしているような人へ向けた注意の言葉である。それだけ、私たちは日常生活の中で頻繁《ひんぱん》に「○○したら、もう終わりだ」、「○○すれば、良かった」とネガティブな思考をする生き物なのかもしれない。しかし、世の中にはネガティブな思考をする人もいれば、ポジティブな思考をする人もいるわけで、「○○しても、絶対大丈夫」と前向きな人もいることは事実である。

この「ても」という接続表現は、仮想的なことを述べている場合と確定的なことを述べている場合と、どちらの意味を表しているのだろうと曖昧《あいまい》なことがある。例えば、「見てもわかりません」という例文は、「（今はまだ観察する前ではあるが、もしも実際に観察した場合であっても）わからないだろう」というような仮想的なことを述べている可能性があるし、「（実際にじっくりと観察してみたが）どうもまだよくわからない」というような確定的なことを述べているとも解釈できる。「押してもダメなら、引いてみろ」という表現があるが、これは実際に押してみたらダメだったから、引く術を伝授しているとも解釈できるし、いろいろと想定できる状況で、もしも押してみてもダメだったら、引くことも試してみろといった解釈もできる点で、曖昧である。

では、どんな文脈のときに、確定や仮想の意味が表されるのだろうか。「けれども」や「のに」のようなほかの逆接表現と比べて「ても」は、仮想的な意味を表すところに特徴がある。特に、「仮に／たとえ／もしも○○ても」というように仮定の副詞と一緒に使われたり、文末に意志や推量の表現が使われたりすると、仮想的な意味がはっきりする。一方、「見ても、わかりませんでした」のように、文末が過去の文の場合に確定的な意味がはっきりする。

日常生活の言葉と歌詞の言葉には違いがあるが、次の『男はつらいよ』（渥美清《あつみきよし》）の主題歌に使われている「ても」は、どうだろうか。世の中の弱い人や失敗した人へのエールを表現する前者は仮想的で、いつもの寅《とら》さんのふるまいを表現する後者は確定的な意味に感じられないだろうか。「（いつかは）咲く」や「泣いている（んだ）」のような文末述語の時間的な性質によって曖昧性が消えて、仮想や確定の意味がはっきりしてくる。

ドブに落ちても根のある奴は、いつかは蓮《はちす》の花と咲く：仮想的
意地は張っても心の中じゃ、泣いているんだ兄さんは：確定的

（中山英治）

てもいい

色々な意味があってもいい

「～してもいい」はどんなときに使うかと聞かれたら、何と答えるだろう。「許可」と答える人は多そうだ。①は「てもいいですか?」の形で許可を求めている文である。

① 今晩、電話してもいいですか?

ところが、実際の用例をコーパスで調べると、「～してもいいですか?」という「許可求め」と「～してもいいですよ」という「許可与え」を足しても一〇%ほどにしかならないことがわかった。残りの九〇%はどのように使われているのだろうか。

まず、会話で多いのは、②のような申し出の表現である。

② 私、幹事やってもいいですよ。

許可を与える場面では「決定権＝話し手／実行者＝聞き手」となる。反対に許可を求める場面では、「決定権＝聞き手／実行者＝話し手」となる。そして、②のような「申し出」は「決定権＝話し手／実行者＝聞き手」である。そうすると、「決定権＝聞き手／実行者＝聞き手」のパターンもあってもいいように思える。そのような目で用例を眺めると、確かに見つかった。少し形

は複雑であるが、③のような「非難・なじり」の文である。

③　ちょっとぐらい手伝ってくれてもいいのに！

また、書き言葉では④のように選択肢を示すものが非常に多い。

④　ナンプラーがない場合は、醤油《しょうゆ》を使ってもいい。

その他、⑤のような「断言を避ける用法」、⑥のような「仕方ないと受け入れる応報」、⑦のような「理想的な状態を示す用法」、⑧のような「論理的に考えられることを述べる用法」など、非常にさまざまな用法が存在する。この項目の中盤にある「パターンもあってもいい」は「論理的に考えられることを述べる用法」に相当するだろうか。

⑤　富士山は日本一美しい山と言ってもいい。

⑥　たとえ笑われてもいい。自分の信念を貫きたい。

⑦　都会にはもっと公園があってもいいと思います。

⑧　八時に出発したのが本当なら、そろそろ到着してもいい。

これら多様な「てもいい」の用法を一言でまとめると、「可能」ということになる。英語のcanは可能を表すが、そのほかにも可能性などさまざまな場面で使われる。日本語では「できる」よりもむしろ「てもいい」が「可能」が関係するさまざまな用法を担当しているのである。

（中俣尚己）

★中俣尚己「書き言葉コーパスに見られる「てもいい」の用法――頻度とコロケーションを考慮した文法記述」田窪行則・野田尚史編『データに基づく日本語のモダリティ研究』くろしお出版　2020年

どうも

日本語で一番使い勝手がいい言葉のはずだが……

「どうも」はお礼でもお詫びでも使える。出会いでも別れでも一応の挨拶《あいさつ》になる。誠に便利な言葉である。

「ありがとうございます」「申し訳ありません」などのしっかり内容の定まった言葉ではない点で、お礼やお詫びとしては軽いが、逆に、軽いことに対してもしっかり挨拶をするという意味で、失礼な挨拶ではない。また、出会いや別れでも、気を遣う相手に対しての挨拶として成立している。曖昧《あいまい》と言えば曖昧な、逆に言えば極めて便利な言葉である。

ただ、「どうも」には謎がある。なぜか家族などの親しい関係ではあまり使わないのである（家族関係は人それぞれだが）。子どももあまり言わないのではないだろうか。三、四歳くらいの幼児が「どうも！」という挨拶をすることは、お店屋さんごっこを除いて考えられない。小学生も、程度を強調する「どうも＋ありがとうございます」などとは言うが、感謝や挨拶で「先生、どうも！」などという挨拶はふつうしない。やはり「おはようございます」「ありがとうございます」などという言葉で挨拶する。「どうも」だけで終わる挨拶は大人くさくなるのである。

これには、次のような理由が考えられる。「どうも」は、「どう＋も」だが、本来、この副詞には「どうもうまくいかない」「どうも変だ」のような使い方がある。いわば気がかりなことがすっきりおさまっていない感情を表すのである。それが「いやはや、どうも何と言っていいか、（ありがとうございます・申し訳ありません）」などというように、感謝、謝罪の気持ちを表す際の、「簡単にお礼やお詫びを言うだけではうまく解決できない言い表せない気持ち、そのままでは済ませられないという気がかりの強調」という使い方になったものと考えられる。「いやはや、どうも、何と言ったらいいか、（むにゃむにゃ……）」というような感じで、いろいろと相手への思いを巡らすというのは、大人の心遣いである。また、あとに来る実質的な感謝や謝罪の表現がなくても、「どうも」だけで、そういう気配りがあるということが示せる。いわばよそ行きの言葉と言って良い。この「よそ行き」感が出会いや別れの軽い挨拶にもなると考えられる。

「どうも」だけだと、実質的な感謝や謝罪の表現がないので、きちんとした謝罪やお礼にはならない。しかし、気を遣っていることはよくわかる。出会いや別れでの、「お世話になっています」感や「失礼します」感といった気遣いのこもった軽い挨拶をするにはぴったりとも言える。気を遣っている相手への挨拶になるのだと考えると、家族間ではあまり言わないということ、子どもがあまり使わないということの理由がわかってくる。

「どうも」の奥には、どうも大人っぽい深い気配りがありそうなのである。

（森山卓郎）

ないものはない

「何でもある」？「やっぱりない」？

「このお店の品揃《しなぞろ》えは驚異《きょうい》的だ。このお店には、ないものはない！」と言えば、「何でもある」という意味になる。一方、「いくらお金を返せと言われても、ないものはない」という場合、あくまで「ない」という意味である。このように、「ないものはない」は二つの意味がある。「ないものは全くない」のように、副詞があっても同様である。

どうしてそのような二つの意味になるのだろうか。まず、最初の「「ないもの」はない」という場合、「ないものの存在はない」ということであり、いわば不在を否定するという二重の否定になることで、全てが存在しているというように、肯定の意味になる。述語が「ない」という存在の否定になっているところがポイントである。二重否定の場合も、名詞を変えることができる。例えば、「後悔しない日はない」「あの先生を尊敬しない人はいない」のように、「毎日」「全て」といった意味になる。

一方、「ないものはない」のもう一つの意味の場合、「ないもの」について、「ない」という意味を繰り返す、一種の同語反復（自同表現、すなわちトートロジー→212ページ）となっている。「な

いもの」の修飾部分である「ない」を繰り返すことで、「ない」という意味を強調することとなっているのである。これは、性質を繰り返すだけだから、「あるものは、ある。ないものは、ない」のように、「ある」でも成立する。さらに、「おいしいものは、おいしい」「高いものは高い」のような性質を強調する意味となる。そういう性質だよ、ということをあえて取り上げるのである。

名詞が「もの」ではなくても、このような表現は成立する。例えば、「こと」にして、「やったことはやった」とすると、「一応やった」あるいは「確かにやった」のように、「やった」ということを明確化ないし確認する意味になる。「えらいことはえらい」では、「一応えらい」と認定できる意味になったり、「やはりえらい」というように、その性質を強調ないし確認する意味になったりする。さらに、この表現の延長線上には、「えらい人はやはりえらい」「ばかなやつはとことんばかだ」のような表現もある。その修飾語で述べた性質を述語として繰り返すことで、性質を再確認するかのように述べるのである。

このように、「ないものはない」の二つの意味の違いは、「ないもの」を「知らないもの」にするとよくわかる。二重否定は、「知らないものはない」となり、同語反復は、「知らないものは知らない」となる。あえて二回否定して肯定したり、あえて性質を繰り返したりするところに、言語表現の面白さがある。どんな場合でも、それなりの表現効果があることはあるのであって、表現効果のない表現はない、などと言えないことはない？

（森山卓郎）

何

読み方には「なに」か基準があるの？　それは「なん」なの？

「何」は「なに」と読む場合と、「なん」と読む場合とがある。

まず、「彼は何者《なにもの》？」「その国では何語《なにご》が話されている？」「これは何味《なにあじ》？」などと並べると、これらは「なに」のあとに続く言葉の性質や実体が不明である場合の読み方であることがわかる。

次に、「何皿《なんさら》食べた？」「何巻《なんかん》読んだ？」「全部で何《なん》キロ？」などと並べてみると、これらは「なん」のあとに続く数詞の数や量が不明である場合の読み方であることがわかる。これは事物の順序を表す序数詞の場合も同じで、「来年の休みは何月《なんがつ》なら取れる？」と言うこともできる。だから、同じ漢字で表記していても、どの色か尋ねるときは「何色《なにいろ》」――色の数を尋ねるときは「何色《なんしょく》」と読み分ける。あとに続く部分が同じ音の場合でも、例えば古典籍は所蔵者・所蔵施設によって「～本《ぼん》」と呼ぶことから、それを尋ねるときは「何本《なにぼん》」――長い形状のものの数を尋ねるときは「何本《なんぼん》」と読み分ける。この二種の読み分けは、意味用法の違いに基づいていると言えそうである。こうした読み分け自体はロドリゲス『日本大文典』（一七世紀初頭成立）にも見ることができるから、古くからある現象と考えられる。

ところで「なん」という読みは「なに」から、つまり nani の i が脱落して nan- が生じた。事実、「何らおかしくない」というときの「なんら」は室町時代の辞書である『文明本節用集《ぶんめいほんせつようしゅう》』を見ると「何等　ナニラ」と書いてあり、明治時代の『小説神髄《しょうせつしんずい》』（坪内逍遥　一八八五年）でも同じように読んでいた。つまり「なに」と「なん」の意味用法の違いに対応した読み分けも、歴史的に形成されてきたと考えるべきであろう。

現代において、単独で「なに？」というとき、あるいは「なにがほしい？」「なにを歌う？」のように「なに」の独立性がやや高そうな場合には決して「なん」と言い換えられないのに対して、理由を問う「なんでそうした？」の「なんで」は「なん」と「で」の結びつきが強く、新たな一語を形成する（「なにでそうした？」と言えば手段を「なに」で問うことになる）。漢字の「何で」は要注意。例えば「あなたの誕生会行くよ」に対する「何で来る？」は、単に交通手段を聞いたのに、意地悪く理由を聞いたように誤解される可能性がある。「なんて言った？」「これはなんだ？」も「なにだ」とは言えない。

しかし「なんか飲む？」「なんなら食べられる？」「なんに使う？」「なんの本？」は「なに」にも言い換えられそうだ。こうした例から法則めいたものを見出すことは難しい。「なに」と「なん」は未だぼんやりと連続しており、読み分けも限定的にしか生じていないものと考えられる。

（加藤大鶴）

悩ましい

悩まずにはいられない二つの意味

①「悩ましい目つきで誘惑する」
②「AかBかの選択は悩ましい問題だ」

「悩ましい」という言葉が、①では「官能的で心の平静が保てないさま」、②では「悩みが多いさま」という意味で用いられている。みなさんがよく使うのはどちらだろうか。

文化庁の「国語に関する世論調査」では、二〇〇一年度と二〇一五年度に①と②のどちらを使うか尋ねている。「どちらも使う」を含めた使用率の変化は以下の通り、②の増加が目立つ。

①…四八・二％　→　三八・九％（九・三ポイント減少）
②…三一・五％　→　五六・三％（二四・八ポイント増加）

二〇一五年度調査の年齢別分布によると、特に若い世代で①の使用率が低いことがわかる。そこで大学生七九名（女子）に調査したところ、①を「使う」のは五％にすぎず、「意味がわからない」は三三％にのぼった。一方の②については全員が意味を理解し、七二％が「使用する」と答えた。筆者の周囲でも、近年は年齢にかかわらずもっぱら②の意味で使われている。

言葉の意味の変化が進んだ例として片付けたくなるが、事情はそんなに単純ではない。この語については、一九九〇年代半ば以降数回にわたって②の意味で使うことへの違和感が指摘されてきた。いずれも①が本来の意味だという根拠に基づくのだが、実は②の意味こそが本来の意味なのである。

この語のもともとの意味は「肉体的・精神的に苦しい」であり、『源氏物語』にも多数の例が見られる。そして近代以降は「悩ましい日々」「悩ましい家族悲劇」などと「困難な状況に悩む」ことを指すようになる。一方の①の意味は一九一〇年代から小説などで使われ始めた、新しい意味なのである。しかしその後広く普及し、一九八〇年代までは「悩ましい」はもっぱら①の意味で使用されるようになる。

②の意味での「悩ましい」が増え始めたのは一九九〇年代である。国会会議録には一九五〇年代半ばから「悩ましい問題」などの例があり、その後じわじわと増えて一九九二年ごろ勢いがつく。このころから「悩ましいところだ」「悩ましいわけだ」という使い方も見られるようになる。この②の「悩ましい」は「厄介」や「面倒」に比べるとソフトで使いやすい。「困っちゃうよね～」と相手と悩みを共有し、深刻さをぼかすことができて重宝されている。ニーズに合っていたからこそV字回復を果たし、①の意味を押しのける勢いがあるのだろう。だが、よく使われるだけに、①の意味になじんだ世代の聞き手にとっては悩ましすぎて困るのである。

（大塚みさ）

column

数量表現と曖昧性《あいまいせい》

曖昧語というわけではないが、数量の表現が曖昧な意味の解釈の原因となる場合がある。例えば「全ての先生が一人の学生を推薦した」には、「一人の学生について、全ての先生がその人を推薦した」という意味と、「全ての先生がそれぞれ一人ずつ学生を推薦した」という意味がある。意味解釈にあたって、数量の表現がかかわる領域をどう取り上げるのかという違いがかかわっている。思わぬ誤解とならないように、例えば「一人ずつ」とか「その一人の学生を」のように表現に注意することが考えられる。

数量と言えばカウントの仕方にも注意が必要で、「あれから五年だ」はその後五年たったのか、五年めなのか曖昧だ。公用文では、「満五年、五か年、五年ぶり、五周年」は前の開催年の翌年から数えて今年も含む、「まるまる五年」の意味。一方、「五年目、五年がかり、五年来、五年越し」は起算の年を含んでの「五年」となっている。

なんて

「なんて素敵な花なの」なんて誰が言ってやるものか、なんてね。

「なんて」は「この花はなんて名前かな。なんて言って注文しようか」のときは、疑問詞のような働きで、「なんと」や「なんという」に置き換えられる。そして、次の例の①は「なんと」に、②③④は「など」「とか」のような例示の意味を持つ。

① なんて素敵な花でしょう。
② 花を生けるのにこの花瓶なんてどうだろう。花瓶なんて洒落たものがあればだが。
③ 今更花のプレゼントなんて誰も喜ばないと思う。花が好きだなんて珍しい人だね。
④ 絶対お礼は言わない、なんてね。

まず①は「なんという……」「なんと言っていいかわからないが、とにかく○○だ」のように、その驚きを言い表す適切な言葉が見つからないといった意味となる。これは「なんと」にも共通するが、「なんて」は、「なんとあの花を全部買ったのか」のように、「なんということか／驚いたことに……したのか」のような疑問形式を続けて驚きを表すことができない。また、「花を手に入れるまでなんと二週間待たされた」のような、心情や形容詞をともなわない場面では使いにくい。「なんて」は「なんと」に比べて心情を表す言い方を直接修飾する傾向にあり、「なんと」の方は、何に驚いているのかを説明する度合いが強い傾向にある。

②③は、トピックを表す「は」のほか「など」「とか」に置き換えることができる。②は「など」や「とか」「例えば○○｛など／とか｝は」「○○｛など／とか｝というものは」のように、複数あるものの中から想定できる具体例を取り上げ、少し回りくどい言い方で例示・提案する意味になる。前後の名詞をつなぐ「花瓶なんて洒落たもの」の場合は、後ろの「洒落たもの」の例として前の「花瓶」を示して「花瓶＝洒落たもの」と同等に扱っている。

④は「とか」で置き換えられるように、その場で想定されることがらの中から一例を提示している。「――なんて言ったりして」という意味での冗談であって本心ではないという態度や照れかくしなどの効果は、その例が複数の選択肢中の極端な一例だからと言える。*

なお、②③には「なんか」に置き換えられるものがあるが、「なんて」「なんか」で取り上げたものを否定的に述べる場面である。そして、「なんか」は「花瓶なんか洒落たもの」のように「花瓶＝洒落たもの」という意味にはならないし、「花が好きだなんか珍しい人だ」のように、後ろに挙げた「珍しい人」の代表例として「花が好き」を示すことはできない。

想定される選択肢の中から一つ取り出して示すのが「なんて」の基本的意味と言える。

（川端元子）

＊森山卓郎「うどんにマヨネーズかけたりして」『言語』26-12　大修館書店　1997年

苦手な○○

「あの先生が苦手な学生」で苦手なのは全員？　一部？

① あの先生が苦手な学生

①には、「あの先生」が主体のことと、対象のことがある（「好きだ」→80ページ参照）。さらに各々二通りの解釈がある。「あの先生」を対象とする例で言えば、一つ目は、「学生のうち、あの先生が苦手な人々」という解釈である。この解釈は、「学生」（被修飾名詞）の中から、「あの先生が苦手な」（修飾部）にあてはまるものを取り出して述べている。この用法は、〈制限修飾〉や〈限定修飾〉と呼ばれる。二つ目の解釈は、「学生というのは、みんな（あるいは大多数が）、「あの先生」が苦手である」という解釈である（「あの先生」は苦手視されている）。修飾部が、主名詞の全般に共通する性質を述べている。この場合、あてはまるものを取り出して述べているわけではない。この用法は〈非制限修飾〉や〈非限定修飾〉と呼ばれる。英語では、関係代名詞の前にカンマがあれば非制限修飾、なければ制限修飾というように、表記上で区別されることがある。しかし、日本語では、制限修飾／非制限修飾を見た目で区別する方法はない。①の「あの先生」のように価値観によって解釈が変わる表現もある。

では、日本語における連体修飾表現の解釈はどのように決定されるのだろうか。

一つ目の観点としては、発音の違いがある。②では、ひとまとまりで発音されれば制限修飾（＝a）、別々に発音されれば非制限修飾（＝b）と解釈されやすいが、確実なものではない。

②　好物のカレー（a・bの傍線部は、高く発言されるところ）
a「コーブツノカレー」：制限修飾（カレーのうち、好きなもの）
b「コーブツノ　カレー」：非制限修飾（カレーなら何でも好き）

二つ目の観点としては、一般的な事実に照らして、時間や個体によって変わる性質かどうかを考えることがある。すなわち「いろいろあり得る」のであれば制限修飾（＝③）、普遍的な性質であれば非制限修飾（＝④）として解釈される。

③　濡れた雑巾：「濡れていない雑巾」もあり得る→制限修飾
④　丸い地球：「丸くない地球」はあり得ない（＊フィクションを除く）→非制限修飾

三つ目に、被修飾名詞が具体的であるほど、非制限修飾として解釈されやすい。

⑤　彼の好きな落語　　抽象的→制限修飾的
⑥　彼の好きな人情噺　　↕
⑦　彼の好きな『芝浜』　具体的→非制限修飾的

日本語の連体修飾表現の解釈は、要素（同士）の関係や、読む人の価値観もかかわる。（久賀 朝）

★加藤万里「日本語の制限・非制限修飾に関する一考察」『日本語文法』5(1)　2005年

ねよ

音調で違うニュアンス

終助詞はその音調によって大きく意味が変わる場合がある。特に注意が必要なのは、「よ」「ね」である。

まず、「よ」は、強く認識することを表すといったものであるが、平叙文の場合、

だめだよ↗。

のように上げると相手にそのことを知ってほしいというように伝えるようなニュアンスになる。

一方、

だめだよ↘。

のように下げると、違う意見の人に自分の考えを押しつけるようなニュアンスになったり、強く納得するようなニュアンスになる。

したがって、命令文でも、意味によって音調が違うことになる。ボタンが外れていることを教えるような場合や、送り出す相手に健康のことを言うような場合、

ボタンが外れていますよ↗。

風邪を引いたりしないようにして下さいよ↗。

のように上げる音調が適切だ。一方、独り言のように言う場合や、言うことを聞かない相手に押し付けるように注意する場合、

（鏡を見ながら）あれ、こんなところにニキビができているよ↘。

早くしなさいよ↘。

のように下げる発音の方が適切である。「よ」は、このように、文字だけを見れば意味が曖昧《あいまい》だと言える。

「ね」も音調によって用法が大きく違ってくる。例えば、「いいね」という文字列そのものには曖昧性がある。

（相手が読み終わった書類を自分の所に貰う）「いいね？」

のような場合、相手の応答を待つような意味になる。「ね」には特に音調を高く跳ね上げる用法があり、相手に確認を要求する意味がある。一方、

（音楽評論家が演奏を聴きながら）「いいね」

のような場合もある。この場合の「ね」はそれほど高く音調を上げない用法であり、いわゆる軽い詠嘆といった意味と言える。「いいねえ」とのばすこともある。文字情報だけで終助詞を解釈する場合、大きくニュアンスが違うことがあるので、注意した方がいいですね。

（森山卓郎）

の

「看護師の娘」は誰の娘？

次の表現には、二通りの意味がある。

①　看護師の娘

一つの解釈は、「の」が「看護師である娘」すなわち〈同格〉という意味の場合である。「である」に置き換えることができ、同じものを指すという関係での使い方となっている。「おじいさんの古時計」のように指すものが違う場合には、この同格の意味にはならない。

二つ目の解釈として考えられるのは、より一般的な、「看護師である人の娘」、すなわち「の」が〈所有〉を表すとする解釈である。「娘」は、それだけでは意味的に誰のことかわかりにくく、「誰の娘？」と質問したくなる名詞である。「親」「婚約者」なども同様である。このため、①は、「誰の娘？」の「誰」の部分を「看護師」が埋めている。一方、「教員」「警官」などは「誰の？」と聞く必要がないのでこの意味にはならない（ただし、「担当教員」ならこの関係になる）。

「の」の関係には、動詞の意味がかかわる場合がある。例えば

②　本居宣長《もとおりのりなが》の研究

②の一つ目の解釈は、「本居宣長による研究」、すなわち「の」が〈主体〉を表すという解釈である。二つ目の解釈は、「本居宣長についての研究」、すなわち「の」が〈対象〉を表すという解釈である。ここで注目すべきは、第一に、「研究」が、人や物ではなく、動作・行為を表す名詞であるという点である。第二に、「本居宣長」が、(国学の)研究者でもあり、なおかつ、彼自身が研究対象にもなるという点である。そのため、②は、「宣長」が「研究」の〈主体〉・〈対象〉のどちらとも解釈できるのである。ただし、動作・行為を表す名詞であっても、原則として〈主体〉・〈対象〉のどちらかにしか解釈されない場合もある。「大谷選手の出場」であれば〈主体〉と解釈され、「大谷選手の応援」であれば〈対象〉と解釈されるのが一般的である。

では、次の用例はどうだろうか。

③ 漱石《そうせき》の本

簡単に思いつくのは、「漱石が著した本」「漱石の生涯を綴《つづ》った本」「漱石の作品を論じた本」「漱石が持っていた本」などであろう。では、なぜこれほど多様な解釈があるのだろうか。それは、「漱石の本」の本質的な意味は、「漱石と何らかの関係を有する本」という漠然《ばくぜん》としたものだからである。私たちは、「何らかの関係」の部分を文脈から補っている。この点で、③のような「Aと何らかの関係を有するB」タイプの表現は、曖昧《あいまい》な表現というよりも、ぼんやりとした表現である。

(久賀 朝)

★西山佑司『日本語名詞句の意味論と語用論：指示的名詞句と非指示的名詞句』ひつじ書房　2003年

飲む

何を飲むのか、なぜわかる？

A「今度の土曜、飲もうよ」

B「いいね～。いつもの店に六時でどう？」

この人たちは土曜日にいったい何を飲むのだろうか？――などと聞くまでもなく、それはアルコール類だとわかる。「ジュースを飲む」「サプリを飲む」「ヘビがカエルを飲む」のように、液体、または固形物をかまずに体内に取り入れることを「飲む」と表現するが、どうして何を飲むのか言わなくてもアルコール類だとわかるのだろうか。

これは比喩の一種であるシネクドキ（提喩《ていゆ》）のしくみに基づいている。例えば、「毎朝、卵を食べる」と言えば、ニワトリの卵のことであり、「今日は天気で良かった」は雨でも曇りでもなく「晴れ」を指す。シネクドキとは、このようにより一般的で広い意味の言葉（「卵」「天気」）を使って、より特殊な狭い意味（「鶏卵」「晴天」）を表すものである。また、このシネクドキは逆の方向、つまりより特殊な意味の言葉を使って、より一般的な意味を表すこともある。「帰りにお茶飲まない？」と誘われて飲むのは、「お茶」が表す狭い意味の「緑茶」とは限らず、紅茶やコ

ーヒー、あるいはジュースかもしれない。「今夜のご飯なに?」で期待されている答えは、「白米」や「玄米」ではなく、夕食のメニューである。このようにシネクドキは「広い意味から狭い意味に」と「狭い意味から広い意味に」の二つの方向に意味を伸縮させる比喩なのである。

「飲む」は通常「~を」がつく他動詞だが、アルコール類を指す場合は冒頭の例のように「~を」が省かれることも多い。それだけ、定着した自立性の高い用法である。可能の意味を含む「飲める」も、「飲める人」「飲めない体質」だけで何を飲めるのかが伝わる。また、「飲むまい」「飲みすぎる」「飲み足りない」なども大体アルコール類だと察しがつく。そのほか、以下の要素があるとアルコール類を「飲む」と確信しやすい。

・場所…「カウンターで」「ラウンジで」「自宅で」
・メンバー…「ひとりで」「ふたりで」「みんなで」「仲間と」
・飲み方…「ちびちび」「軽く」「がんがん」「ぱーっと」「浴びるように」「朝まで」
・飲む量…「三合」「五本」「ちょっと一杯」「一滴も(飲まない)」

ところで冒頭の二人、一緒にビールや焼酎を飲んで終わりだろうか? きっと、何かつまみながら語り合うことだろう。「飲む」のカバー領域は極めて広いのである。

(大塚みさ)

★籾山洋介『日本語表現で学ぶ入門からの認知言語学』研究社 2009年

はあ

返事からため息まで

一口に「はあ」といっても、その用法は多岐にわたる。

①「この書類を明日までにまとめてくれ」「は（あ）、わかりました」
②「私くらいになると、わからないことなど何もないよ」「はあ」
③「あなたにリーダーを任せたいんだ」「は（あ）？　私にですか？」
④「おまえが盗んだんだろう」「は（あ）？　俺じゃねえよ」
⑤「はあ、これは見事な盆栽ですね」
⑥「はあ、今日は何をやってもうまくいかないな」
⑦「（熱いお茶を飲んで）はあ、温まるなあ」

①は相手からの指示や命令、質問に対して肯定の応答をするものであり、「はい」と言うのに近い。指示や命令に対しては、「はあ」とのばすとやや緊張感に欠ける応答となるため、「は（っ）」と短く発声することが多い。

「はあ」と「はい」（↓140ページ参照）はいずれも肯定の返事として用いられるが、「はい」は敬意・確信と全面的な同意（受容）の暗示があり、「ご趣味は……」という問いかけに対し、「はあ、空手を少々」と答える場合には（自慢できるような腕前ではありませんが）、「はい、空手を少々」と答える場合には（今度、ぜひ一度試合を見に来てください）という意であるとされている。*

②は相手の発話に対し、困惑しながら受け止めるような場合にあらわれるものであり、肯定の応答ではないため、「はい」とは置き換えられない。③は上昇調で発声されるもので、相手の発話に対し、驚きを持って聞き返す場合に用いられ、①と同様に「はい」と置き換え得る。④も上昇調で発声され、相手の発話に対し、いらだちながら威圧するように聞き返すものである。

⑤〜⑦は相手に向けてのものではなく、独話可能なものである。⑤は感嘆を表すもの、⑥は嘆きのため息、⑦は心地良さをともなう吐息《といき》である。⑥・⑦については生理的な発声として、語とは認めない立場もある。「はあと息を吹きかける」「はあはあと肩で息をする」のような肯定・否定の感情をともなわないものは、感動詞というより擬音語という方が適切であろう。

主だった用法を①〜⑦に整理したが、重畳形を含めれば、「はあはあ、なるほど、そういうことですか」のように、得心を表すような場面でも用いることができるなど、「はあ」の用法はさらに広がりをみせる。『「はあ」を厳密に定義せよ』という命令には、「はあ、それは困りましたね」と返答したい。

（石川 創）

＊浅田秀子『現代感動詞用法辞典』東京堂出版　2017年

はい

「いいえ」の反対ばかりじゃないんです

「はい」は、「うん」などに対応する、丁寧、あるいは敬意を持った応答の語というのが一般的な認識であろうか。それは間違いではないが、「はい」の持つ意味・用法はもっと広い。[*1]

① 「これはあなたのハンカチですか」「はい、そうです」
② 「田中花子さん」「はい」
③ 「はい、こちらを向いて」
④ 「お醤油《しょうゆ》取ってくれない？」「はい、どうぞ」
⑤ 「昨日ね、」「はい」「私ったら、」「はい」「お財布忘れて買い物に出ちゃったんです」
⑥ 「そのように私は考えるわけです、はい」

①は、相手からの質問や勧誘等に対して肯定・同意するもので、「い（い）え」や「いや」の対義語にあたる。典型的な「丁寧、敬意を持った応答の語」であり、「ええ」に置き換えが可能である。また、同輩以下の相手に対する「うん」と対応する。

②は、名前を呼ばれた場合に返事をするのに用いる「はい」である。直接名前を呼ばれる場合

でなくとも、「整理券をお持ちの方はいらっしゃいますか」「はい」などのように、自分が該当の人物であることを伝える場合には、「はい」が用いられる。これは「ええ」に置き換えることができず、また、「うん」にもこの用法はない。

③は、相手への注意喚起の用法である。質問の際に手を挙げるような場合にも「はい」を用いる。④は手にしたものを相手に渡す場合に用いるもので、③・④とも、やはり「ええ」に置き換えられず、「うん」に同様の用法がない。同輩以下の相手に対しても、当該の場面では「はい」が用いられることから、必ずしも「はい」は丁寧・敬意の表現とは言えないことがわかる。

⑤は、聞き取り表示の相づちであり、相手の発話の先を促すものである。これは「ええ」に置き換えられるものであり、同輩以下の相手に対しては「うん」を用いる。

⑥は、自分の発話の末尾につける「はい」であり、「『こちらの出力が終わったので、そちらで処理に移られたい』という信号として機能する」と説明される。[*2]

そのほか、「はい?」と上昇調で言えば相手への問い返しであり（「はあ」→138ページも参照）、「さん、はい」であればかけ声となるなど、「はい」の用法は非常に多岐《たき》にわたる。

これだけ「はい」の用法を述べると、「はいはい、もうわかったよ」と言いたくなるかもしれない。こうした相手の発話を邪険《じゃけん》に扱う用法は、「はい」を重ねた形にしかなく、「ええ」や「うん」には置き換えられない。

（石川 創）

＊1 浅田秀子『現代感動詞用法辞典』東京堂出版　2017年

＊2 田窪行則・金水敏「応答詞・感動詞の談話的機能」音声文法研究会編『文法と音声』くろしお出版　1997年

バカ

いろいろな語につくが、どっちつかず

「バカ」と「アホ」は、いずれも「愚かであること」を意味する語である。「阿呆《あほう》にとりあう馬《ば》鹿《か》」などという表現もあり、アホもバカも同程度に愚かな存在だと見なされていることがうかがい知れる。しかし、「語」の観点から見る限りにおいては、二者は対等な関係ではない。「バカ」の方は、〈別の語と結合して、語の意味を良い方向に強調する〉という芸当をやってのける、賢い一面を持っている。例えば、「ばか売れ」「ばか受け」「ばか儲《もう》け」というように。

一方で「バカ」は、同じように別の語と結合して、否定的な方向に意味を強調することもできる。「ばか笑い」「ばか騒ぎ」「ばか声」などはその例である。柔軟と言えば柔軟なありようだ。

このように、同じく「バカ」が名詞の前についても、つかれた方の語が好ましく強調される場合もあれば、さげすみのニュアンスを付与されてしまう場合もあるわけである。

「バカ」が前につく語の中には、好ましい意味なのかそうでもないのか、判定しにくいものもある。例えば「ばか正直」などは、好感を持って受け取られる場合もあるようだ。同じく人間の性格や気質を表す「ばか丁寧」や「ばか堅い」はどうだろうか。「ばか堅い」を例にとれば、辞

書上の意味は「度はずれて堅い。人並みはずれて律気《りちぎ》である。まったく融通がきかない[*1]」である。「まったく融通がきかない」はお世辞にもほめ言葉とは言えないが、人並みはずれた堅さや律気さとしての「ばか堅さ」を美徳とする人ならば、いるのではないか。

こうした否定的なようで肯定的な意味合いをも、もともと愚かしさを意味する「バカ」は生じさせる。その背景には、先に挙げた「ばか売れ」のような、「バカ」がつくことで良い意味が強調される語群の存在があるのだろう。

ほかにも「バカ」は、「ばかぢから」「ばか高い」「ばかでかい」のような語の一部となる。これらの語において「バカ」は、後続の語の程度を「中立的な立場から、単純に」強調する接頭辞の役割を果たしており、辞書上の意味に「良い、悪い」という価値基準は含まれない[*2]。もっとも、「ばかぢから」の語釈に「人なみ以上の強い力を、あきれたり、ののしったりしていう語」と掲載する辞書もある[*3]が、「火事場のばかぢから」という慣用句の力もあってか、あながちののしりの語とも言い切れないどっちつかずの感がある。

「バカ」は単独で使われた場合も、特に話し言葉においては文脈や声色などによって肯定的な意味を持ち得る、変幻自在な語である。しかし、あくまで最終的な解釈は個人にゆだねられ、良い悪いの客観的な判定は難しい。つまりは、「どっちつかず」なのである。単独で使う「バカ」も複合語で使う「バカ」も、バカにしてはいけない。

（増地ひとみ）

＊1「馬鹿堅」の項　『日本国語大辞典』第二版　JapanKnowledge Lib→参考資料
＊2「馬鹿力」、「馬鹿高い」、「馬鹿でかい」の項　『デジタル大辞泉』JapanKnowledge Lib→参考資料
＊3「馬鹿力」の項　『日本国語大辞典』第二版　JapanKnowledge Lib→参考資料

ハマる

ハマり度はどのくらい？

「何かにのめり込んで抜け出せなくなっている」かつ「その状態を好ましく思っている」とき、それを「はまっている」と表現する「はまる」の用法が頻繁《ひんぱん》に見聞きされるようになった。もともと「はまる」には冒頭に述べた通り「のめり込んで抜け出せなくなる」という意味があるが、その肯定的な側面が強調されているのが近年の用法の特徴である。文字になるときは、カタカナで表記されることも多い。「最近、あのアニメにハマってて……」といった具合である。従来とは異なるニュアンスをともなうときにカタカナで表記される和語は一定数存在し、「ハマる」もその一つであると言える。

さて、この「ハマる」には、意味の解釈にかかわる面で二通りの曖昧《あいまい》さがある。一つ目は、冒頭の「のめり込んで抜け出せない」状態を否定的にとらえるか、肯定的にとらえるかの違いによる曖昧さである。「ハマる」には「だまされる」という意味もあり、新聞や雑誌等で実際に用例が見られる（「思惑にハマる」「ハマる罠《わな》」など）*。これらは否定的な意味であることが明白である。また、「ネットにハマる」「ＳＮＳにハマる」などの例も、好ましい状態ではなく、「意に反して

抜け出せなくなってしまっている」のであろうと推し量ることができる。しかし、例えば「ダイエットにハマって」「幸せビジネスにハマる」など、ハマっていることが喜ばしいともその反対とも解釈できる用例もある。客観的に見ると不幸な「ハマり」も、本人の主観では幸せな「ハマり」である可能性がある。

二つ目の曖昧さは、近年の肯定的な意味の「ハマる」に限定した場合でも、表現されているであろう「ハマり度」には相当の幅、温度差がありそうだという点である。新聞・雑誌のデータベースで「ハマる/はまる」「ハマって/はまって」の用例を検索していると、*ハマっていることを好ましいととらえているのはわかるものの、ハマりの度合がどの程度であるのかを測りかねるものが多い。「ハマる」と書いたり話したりしている本人も意識的にか無意識的にかそれがわかっているのだろう、「どっぷりハマる」「深くハマる」などと程度を表す副詞を添えるケースも散見される。「ドハマリ」という語も存在する。これらは、「前後の文脈を考慮しても、そのハマり度、つまり夢中度や好感度が読み手や聞き手にはわからない、伝わらない」と、書き手や話し手自身がとらえていることの証左であろう。

もっとも、この曖昧さこそが日本語らしさなのかもしれない。「ハマり」の程度は受け手の解釈にゆだねることができる、便利な言葉であるとも言えそうだ。もしかしたら、ハマっている本人にもハマり度はよくわかっていないのかもしれない。

(増地ひとみ)

＊朝日新聞記事データベース『聞蔵Ⅱ』で『朝日新聞』『朝日新聞デジタル』『アエラ』『週刊朝日』を対象紙誌として指定し、「ハマる」「はまる」「ハマって」「はまって」を検索語として検索。

ハラスメント

誰が、誰に、何をしている？

「〇〇ハラスメント」という言葉を頻繁《ひんぱん》に見聞きする昨今である。試しにTwitterで「ハラスメント」をキーワード検索すると、「ラブハラスメント」「ロータリーハラスメント」「オンラインハラスメント」などが抽出されてきた。いったいどのようなハラスメントなのか皆目《かいもく》わからない。何でもかんでもハラスメント化している感さえある。ちなみに、「ハラスメント」は、現在の日本社会では「嫌がらせ」「いじめ」などの意味で使用されている。

「〇〇ハラスメント」と聞いても、どのようなハラスメントなのかがイメージしにくい場合が多いのは、「〇〇」に使われている語の多種多様であることが一因である。例えば、よく知られているものに「パワーハラスメント」と「セクシャルハラスメント」がある。前者が「パワー」つまり権限や地位などを〈利用した〉ハラスメントであるのに対し、後者は「セクシャル」つまり性的なことに〈かかわる〉ハラスメントである。性的なことを〈利用〉しているわけではない点で、「パワー」の方とは明確に異なる。

ジャパンナレッジ*で検索すると、「〇〇ハラスメント」は二四種類抽出された。それらの中には、

「○○ハラスメント」の「○○」

（　）内は○○の後ろに補うつなぎの言葉	「○○」部分の語
人の属性（にまつわる）	レイシャル（人種）、エイジング（年齢）、ジェンダー（社会的・文化的性別）、ブラッドタイプ（血液型）
人（による）	ボス（上司）、カスタマー（顧客）、ドクター（医師）、テナント（家主）
人（に対する）	シルバー（高齢者）、パタニティー（育児男性）、マタニティー（妊婦）
人以外（を用いた）	パワー（権力・地位）、アルコール（酒）、ソーシャルメディア（SNS等）
場（における）	アカデミック（教育機関、特に大学）

「○○」にあたる語がハラスメントの加害者であるものや、逆に被害者であるものも含まれる。つまり、語の構成は同じ「○○」＋「ハラスメント」であっても主体が異なり、「○○」の後ろの「＋」の部分を適切に解釈しなければ、加害者と被害者が入れ替わってしまうのである。「シルバーハラスメント」は「高齢者に対するハラスメント」でシルバー（高齢者）は被害者であるが、「カスタマーハラスメント」は「顧客によるハラスメント」でカスタマー（顧客）は加害者、といった具合である。さらに、「パワー」に代表されるように「○○」が人であるとも限らない（表）。

こうした事情に無自覚に「○○」を前接させて「○○ハラスメント」という語を生産すると、語を使用した側の意図が十分に伝わらず、場合によっては正反対の意味に取られかねない。ハラハラ（「○○ハラスメント」を不用意に造語したことによるハラスメント?）にならぬよう、注意が必要だ。

（増地ひとみ）

＊JapanKnowledge Lib　→参考資料

引っ掛かる

「昨日の彼の言葉が引っ掛かる」は、どこに引っ掛かったのだろう?

「引っ掛かる」に共通する状況は、「移動しようとするAがBに妨げられる」ということである。図のようなイメージである。物がざるや網などを通るときにもあてはめて考えることができる。「検索に引っ掛かる」も、抽象的な概念であるが、この図のイメージにあてはまる。Bにあたるのが検索条件であり、条件を満たすものが通り抜けずに残るというように理解できる。引っ掛かる様子を、中立の立場で表現すると、「AがBに引っ掛かる」となる。A寄りの立場で表現すると「Bに引っ掛かる」となり、B寄りの立場で表現すると「Aが引っ掛かる」となる。それぞれ「ドローンが電線に引っ掛かる」、「悪徳商法に引っ掛かる」、「彼の言葉がどうも（心に）引っ掛かる」のような場合である。B寄りの立場では、何かがこちらに引っ掛かってくるということになる。

さらに、「引っ掛かる」ことにまつわるイメージにより、新たなニュアンスが加わる。

「帰り道の焼鳥屋に引っ掛かる」は、引っ掛かることで進行が妨げられ、事態が順調にいかないという含みが感じられる。

「ろくでもない男に引っ掛かる」「渋滞に引っ掛かる」という場合には、引っ掛かるということは「やっかいな」ことであり、また「なかなか抜けられない」ことであるという含みが感じられる。
「わなに引っ掛かる」「儲《もう》け話に引っ掛かる」には、意図的にしかけられた障害に誘いこまれて、意図通りに捕らえられ身動きが取れないという含みが感じられる。自分から引っ掛かりにいったようなニュアンスがある。

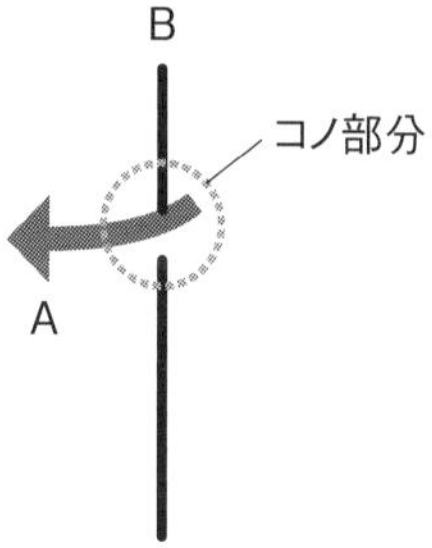

「網に引っ掛かる」、「検問に引っ掛かる」は、あらかじめ用意された規制や基準や監視を通過できないという含みが感じられる。なお、「網」は文字通りの網の意味と比喩《ひゆ》的な意味の場合とがある。
また、以上の例文からもわかるように、物理的に「引っ掛かる」のか、比喩として「引っ掛かる」のかという点での区別もできる。特に気持ちが「引っ掛かる」場合には、「心に引っ掛かる」という表現もしばしば用いられる。
以上のように、「引っ掛かる」という行為のどのような要素を中心にとらえるのかによって、意味の分化があると言える。

（石出靖雄）

★『日本国語大辞典』第二版　小学館　2003年

ひと

「ひと」と言いながら自分を指す？

「ひとは言葉を用いる」の「ひと」は生物としての人類を指す。「ひとのうわさも七五日」の「ひと」は世間、「これからひとと会う約束がある」「ひとから指図されたくない」の「ひと」は他人を指す。「ひとを得る」の「ひと」は有能な人材、「ひとがいい」の「ひと」は人柄や性格を指す。「ひと」は人間を指す語だが、意味の広がりがある。

中でも「他人」を指す用法はさらに分けられる。一つ目が特定の人物を指す場合である。「これからひとと会う約束がある」の場合、人名は出していないが、話し手には具体的な人物が思い浮かんでいるはずである。「校門の前にひとが立っていた」の場合、話し手の知らない人物である可能性もあるが、具体的な人物が視界に入っていて、その人物を指すと考えられるだろう。

「他人」を指す用法の二つ目が特定の人物ではなく、他人一般を指す場合である。「ひとの不幸は蜜《みつ》の味」「ひとのふり見て我がふり直せ」「情けはひとのためならず」など、「ひと」が他人一般の意味で使われた成句は多く存在する。成句でなくても「ひとから指図されたくない」「ひとをバカにした態度をとる」「ひとに迷惑をかけてはいけない」など、他人一般を指す「ひと」は日常的にもよく用いられている。

この他人を指すはずの「ひと」が話し手を指しているように見える例がある。

①a　ひとの日記を見た。

①b　ひとの日記を勝手に見るな。

②a　ひとが話をしているときはちゃんと聞いた方がいい。

②b　ひとが話をしているときはちゃんと聞きなさい。

①が名詞修飾、②が主格の例だが、どちらもaの「ひと」は他人の意味に、bの「ひと」は話し手の意味に受け取るのではないだろうか。①bも第三者がとがめているとすれば他人の意味にもなるが、自分の日記を見られた話し手が言ったとすれば「私/僕の日記」を勝手に見たことをとがめていると解釈できる。②bも一般論として述べているとすれば他人の意味にもなるが、母親の話を聞かない子どもに母親自身が言ったとすれば、「私が話をしているときは」の意味に受け取れるだろう。

実質的には「私/僕の」「私/僕が」という意味だが、それをはっきり言わずに「ひと」と表している。「ひと」という語で一般化して、自分の主張の正当性を高めるような表現である。話し手が聞き手に不満を持っており、それを正すような文脈では、「他人」の意味に「話し手」が重なることがあるのである。

（苅宿紀子）

★安達太郎「ひと名詞の意味と文法」益岡隆志・野田尚史・森山卓郎編『日本語文法の新地平1形態・叙述内容編』くろしお出版　2006年

振る

意味の多義性と曖昧《あいまい》性

辞典というのは、知らない言葉の意味を調べることが基本的な利用法であろう。だから利用者はそこに自分が知りたい意味が書いてあると期待するのだが、大抵の場合は複数の意味が記されていて、これが外国語の学習であれば選択に困ったりもする。日本語の「振る」もその一つと言える。小型〜中型の国語辞典でも一〇程度、大型なら二〇程度の意味が並ぶ。小型辞典『三省堂国語辞典』第八版で「振る」を引くと、①支えた部分を中心にして、先を左右または上下に動かす、②手に持ったまま、左右または上下に〈大きく〉動かす、③ほうってころがす……などの基本的な語義が続き、⑬〈俗〉ある人に話題を向ける、で終わっている。

これだけの数に及ぶかはさておき、語というのは一般的に多義的である。それは語の意味なるものの輪郭がそもそも曖昧で、ある文脈の中に置かれたときにその場面に応じて臨時的な用法を持ち得るからである。それが慣用され一定の水準で固定化すれば、辞典における意味の項目が一つ増えることになる。逆に輪郭が定まっていて、等号で結ばれる数式のように語の形式と意味が一対一の関係に閉じ込められていたら、私たちの語彙《ごい》はさぞ貧相《ひんそう》となったに違いない。

「振る」は「震《ふ》る」と語源的につながっているらしい。右記の①②はそのような語源的意味を共有している。手をそのように動かして物を放れば③の意味があらわれる。「塩を振りかける」ならさらに散らして撒《ま》くという意味になる。複数の場所に意図的に対象を分散・分配し、割りあてることを「割り振る」、「あの役者に主役を振る」などとも言う。一説によれば身体の一部を振る動作から、嫌って相手にしないことの意味が生まれたという。『日本国語大辞典』第二版では一七世紀の仮名草子から「『ふるといふは、何としたる事なるや』よしの答へて、『買手の人、気に入らざれば、顔を脇へふるゆへ、其心取りて』」という例を載せ、男女の間で冷淡にするという意味を設けている。舞や踊りでは手を振って動かすが、歌に合わせて動かす所作を演者に教えることは「振り付け」である。このほか、みこしを勢いよくかつぎ動かすことも「振る」という動詞で表す事例があり、さらには「振り込む」には勢いよく押し込んだり押しかける用法もあるようだ。口座に預金を「振り込む」という用法について『日本国語大辞典』第二版では一八世紀の談義本から「遊金あらば安い利足で丈夫な所へ振込（フリコン）で置がよい」の事例を載せるが、何とでも使えるお金を倹約覚悟で預けるときの気持ちには勢いも必要だということだろうか。派生した意味の全てにその経緯を説明しきることは容易ではないが、同じ形式と意味のつながりから生まれた以上は、これらが曖昧さを通してつながっていることは間違いない。（加藤大鶴）

本当　そうか

「へー、そーなんだ」？　「ほんまかいな」？　「そうだよね」？

「そうか」は新情報に対する応答である。しかし、文字だけを見る場合には、注意が必要である。言い方によっていくつかの意味が考えられるのだ。例えば、

（「答えは○○だよ」と教えられて）「あ、そうか！　わかった」

のようになれば、理解したという意味になる。一方、そこまでは行っていないという場合、いわば疑いの段階にとどまる場合もある。

（「答えは○○だよ」と教えられて）「え、そうか？　違うと思うけど」

のような場合である。発音の仕方で、肯定的なのか否定的なのかで大きく意味が違う。

応答としての「本当」も同様で、音調に注意が必要だ。これには大別して三つの用法、すなわち、情報受理、受理への疑問（疑問での受容）、そして、賛成が考えられる。例えば、「背泳はどうしても鼻に水がはいるよ」に対する応答で、「ほんとうＬＨＨＬ」（Ｌは低い音、Ｈは高い音を表す）の場合、単にその情報を受け入れることになる。聞き手は自分にそんな経験はないという解釈である。最後の二拍の部分で下降が発生し、それまで未知だったことを導入するという意味で解釈

される。上昇でないということを示す音調ともいえる。

これに対して、疑問の上昇があれば、「ほんとう↗LHHH↗?」のようになり、疑問として解釈される。この場合は、それが本当かどうかを確認しなおすこととなっており、新情報を受け入れたことにはならない。想定していなかった、といったニュアンスである。驚きが大きい場合もこの発音で上昇部分が強調される。

三つ目の用法は、平板なアクセントのままの「ほんとLHH」のような場合だ。自分にも経験があり、そのことを実感しているようなニュアンスになる。「本当にその通りである」といった賛成の意味を表すものと言え、「ほんとほんと（本当本当）」のように繰り返すこともある。

情報の導入や疑問文は、基本的に一回的な反応であり、繰り返すことは考えにくいが、賛成の意味を示す場合には、繰り返して賛意を強調することは考えられるからである。

「マジ」も新しい情報への対応で使われる点で、よく似た用法の広がりがある。「あ、マジ。了解です」のようにそのまま受け入れるときもあれば、「え、マジ?」のように聞き返しの場合もあり、「マジい~?」のように否定的な聞き返しのニュアンスになることもある。

文字情報でのやりとりをする場合、音調はふつう表せない。しかし、音調によって意味が違うこともある。誤解のないように伝えるには、補足的な情報も伝え、ときには補助符号も使うと良いだろう。「本当!」「本当?」の違いは本当に大きいのだから。

(森山卓郎)

★森山卓郎「感動詞としての「マジ」と「ホント」」友定賢治編『感動詞研究の展開』ひつじ書房　2022年

まあ

自慢げ？　気まずげ？　それとも？

「まあ、考えておくよ」と言われると、頼みは聞いてもらえないように感じる。その一方で、「まあ、まかせておいてよ」と言われると、自信満々に聞こえる。「すごいじゃないですか」とほめられて、自慢げに「まあね」と答えることができるが、「おまえ、彼女に振られたんだって？」と声をかけられて、気まずげに返答する言葉もやはり「まあね」である。

「まあ」の多岐にわたる用法の分析[*1]によると、上記の「まあ、考えておくよ」、「まあ、まかせておいてよ」のような「まあ」は、相手の行動や判断を抑制するものであるとされる。前者は相手が依頼するという行動、後者は相手の懐疑《かいぎ》的な判断を抑制しているということになろうか。その結果、「まあ（引き受けるつもりはないけれど）、考えておくよ」、「まあ（君が不安を感じることはないから）、まかせておいてよ」という内心がにじみ出る表現となる。

また、「まあね」のような「まあ」については、積極的な断定や肯定をはばかる場合に用いられるとされている。「おまえ、彼女に振られたんだって？」「まあね」のような場合は、あまり好ましくない事柄をはっきり肯定したくないというニュアンスで、その話題にはそれ以上触れてほ

しくないという暗示がある。
「すごいじゃないですか」「まあね」のような場合は、客観的には賞賛に値する内容を、自ら消極的な評価の対象でしかないと認めるニュアンスで、照れや甘えの心理を暗示するということである。
確かに謙遜《けんそん》して「まあね」と言う場合もあるが、自慢げに「まあね」と言う場合は、どのように考えれば良いであろうか。「まあ」には小から大へと伸展していくある状況や何かの働きが、何かの条件でストップする限界点を冷静に認め、現実の事実として受け止める、もしくは自身の控えめの判断として示す意識があるとされる。[*2]「どんなに高く見積もっても」という意識の一方で、「低く見積もってもこの程度」と下限の限界点で示す発想で、「僕がやれば、まあざっとこんなものさ」のような、「どんなに悪くても」「最低これ以上」

であるという自信に満ちた言い方も生まれるとのことである。自慢げな「まあね」はこの発想であろう。

以上の「まあ」について、「以前の話題なり思考なりの終了サイン」として用いられるものであるという説明もできる。[*3]「色々な考えなり問題なりがあることを前提としつつも、それに構わない」ということを表し、そこで話題が一段落することとなる。話題や思考をそれ以上展開させない場合に、「まあ」はあらわれる。

ここで取り上げた以外にも、「まあ」には多様な用法がある。「まあ、驚きの用法には全く触れないわけ?」という苦言もあろうが、まあ、お許しいただきたい。

（石川 創）

＊１飛田良文・浅田秀子『現代副詞用法辞典　新装版』東京堂出版　2018年
＊２森田良行『基礎日本語辞典』角川書店　1989年
＊３森山卓郎「応答と談話管理システム」『阪大日本語研究』１、大阪大学文学部日本学科（言語系）　1989年

まあまあ　まずまず　そこそこ

程度が一番高いのはどれ？

この三語はどのように違うのだろうか？「まあまあ」は「まあ」が重なった形式である。「テストはできたか？」という問いに対して「まあ、できた」と答える場合の「まあ」は、「ほぼそう言える、そう言っていいだろう」の意味で、この「まあ」を重ねて程度を表すのが「まあまあ」である。「テストはできたか？」に対しての「まあまあできた」や「まあまあのでき」は、広い意味で「できたと言ってよい」、大きい枠で言えば「できた」の部類に入る、という意味としてとらえられる。

「まずまず」も「まず」の重なった形式である。「まず」やそれを強調する「まずまず」は、「何はさておき。ともかく」の意味であったが、「〜という恐れはまずないね」のような判断を大まかに肯定する「とりあえず、大体」の意味にも発展し、「完全にとはいかないが、ある程度評価できる」という評価の意味が加わった。「まずまずの成績」「できばえは、まずまずだ」のような場合である。「テストはできたか？」に対しての「まずまずできた」「まずまずのでき」は、「とりあえず支障のない程度に乗り切った」というニュアンスが読み取れる。

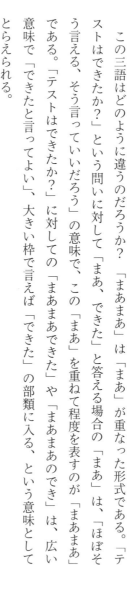

「そこそこ」は、「十分ではないが一応のレベルにあるさま」が基本的な意味である。ただし、そのレベルを高いととらえるか、低いあるいは中立ととらえるかは文脈で決まる。「そこそこほどの生活ができれば良い」の「そこそこ」は、レベルが高いとは言いにくい。それに対して、「そこそこの料金をとられそう」という場合は、「そこそこ」を高いレベルとしてマイナスの意味でとらえている。「そこそこ」は、何を基準にして「一応のレベル」と感じているかが示されず、曖昧《あいまい》である。「バイトのかけもちで、そこそこの収入がある」は自然だが「バイトのかけもちで、暮らしていくにはそこそこの収入がある」とはあまり言わない（「ある程度」→8ページ参照）。

以上のことから、「まあまあ」、「まずまず」、「そこそこ」の程度は、結果的に、中位よりは高いものを指すようになったと言える。いずれも、プラスの意味で用いるときには、最低ラインよりはできたという言い方で、謙虚《けんきょ》な態度を表している。

なお、「まあまあ」は「広い意味でそのように言える」の意味でありプラスのとらえ方とは限らない。「値段は高いが味はまあまあ」のように、状況や文脈に応じてプラスにもマイナスにも解釈でき、どちらにも取れるような曖昧な認識を表すのに都合が良い。「まずまず」は問題なく乗り切るというプラスのとらえ方の側面が強い。そのため、「国語はまあまあだが、算数は良くできた」と言えるが、「国語はまずまずだが、算数は良くできた」とは言いにくい。「そこそこ」は基準が曖昧で文脈の影響を特に強く受け、プラスにもマイナスにも用いられる。（石出靖雄）

★飛田良文・浅田秀子『現代副詞用法辞典　新装版』東京堂出版　2018年
★原 美築「述部に現れる『まずまず』『まあまあ』『そこそこ』の評価的機能」『名古屋言語研究』名古屋言語研究会　2021年

巻き

「鉄《て》火《っか》巻き」と「海苔《のり》巻き」の大きな違い？

寿司を食べるとき、気になるのが「○○巻き」の意味。「巻き」そのものの意味が曖昧《あいまい》だというわけではないが、「○○巻き」という形になると、その意味する状態にはいろいろなものが考えられるのである。

「鉄火巻き」は真ん中のマグロの赤い身が火で焼いた鉄のようだから「鉄火巻き」というのだそうだが、これと同じ構成が「かっぱ（キュウリ）巻き」である。どちらも、「巻かれるモノ＋巻き」という構成になっている。「鉄火巻き」は「鉄火を巻いた」寿司であって、「鉄火で巻いた」寿司ではない。「かっぱ巻き」もそうだ。

一方、「海苔巻き」「昆布《こぶ》巻き」「卵巻き」はどうだろう。これらは「巻くモノ＋巻き」という構成になっている。例えば、「卵巻き」は「卵で巻いた」料理のことである。「昆布巻き」は「昆布で巻いた」料理だし、「海苔巻き」だったら「海苔を中心にしてまわりにご飯を巻いた」料理ではなく、「ご飯を海苔で巻いた」料理である。つまり、「○○巻き」は「○○で巻く」のか「○○を巻く」のか、で二通りあるわけである。

では、「アスパラの牛肉巻き」の場合はどうだろう。「アスパラを牛肉で巻いてある」のがこの料理。ふつうは「牛肉をアスパラで巻いてある」という超絶技巧《ちょうぜつぎこう》の料理ではない。そうなると、「鉄火巻き」や「かっぱ巻き」よりも、「海苔巻き」や「卵巻き」の方が一般的なパターンということになる。特に「○○の」という形だと、「中身＋の＋周りの具材＋巻き」と解釈される。

しかし、まだまだ問題は残る。まず「カリフォルニア手巻き」「イクラの軍艦巻き」なんていうのはどうだろう。「手巻き」は「手を使って自分で巻く」という意味だし、「軍艦巻き」はもちろん、周囲に海苔を巻いて、上に寿司ネタを乗せる形が軍艦のように見えるという「海苔巻きの縦置きの寿司」である。具を中心にご飯があって周りは海苔で巻く形ではある。

寿司以外も多様だ。「う巻き」は、「鰻《うなぎ》をだし卵で巻いた」料理であるが、「う」すなわち鰻が「巻き」の前にあるので、「鉄火巻き」と同じタイプ。しかし、「八幡《やわた》巻き」は「八幡風の肉巻き」のことである。八幡は京都府の南の方の男山八幡宮《おとこやまはちまんぐう》の麓《ふもと》あたりの地名。淀川《よどがわ》の湿地帯で、ゴボウの名産地で鰻もとれたという。ゴボウを鰻で巻くのがオリジナルのようだが、最近ではゴボウなどを鶏肉で巻いた、「チキンの八幡巻き」もある。「○○巻き」には、「○○風の、何かを巻いた料理」という用法もあるわけだ。さらに英語での「ロール」は巻くことだが、「エッグロール（egg roll）」は卵を巻くようにして焼いた「卵焼き」。いかにして食べ物をおいしくいただくか、「巻く」ことは大きな工夫なのだろう。え？　食の世界は舌を巻くほどに奥深いって？

（森山卓郎）

まずい

いろいろな「まずさ」がある

「まずい」はいろいろな場面で使われる。辞書を引くと大体次のように説明されている。①味が悪い。うまくない。②ぐあいが悪い。不都合である。③醜《みにく》い。みっともない。④下《へ》手《た》である。つたない。劣っている。

最も古い用例は①「味が悪い」という感覚を表す語であるが、そこから種々の意味が派生していったと考えられる。しかし、これらの意味の境界は曖昧《あいまい》で、きれいには分けられない。

特に③と④の意味は連続的である。④は主に技術や能力に重きを置いて否定的に評価する場合である。③は主に結果や見た目に重きを置いて否定的に評価する場合である。「まずい絵」というのは、技術的に下手だという意味でもあり、また結果的に醜い絵だという意味でもあり、③と④の要素を持っている。ただし、いずれの意味もマイナスの評価という点で共通している。反対の意味として「うまい」(→22ページ参照)が相当することが多い。こちらは、ほぼプラスの評価である。「上手《うま》い」「下手《まず》い」と表記されることからも対義として意識されてきたと言えそうである。しかし、「うまい」が万葉集のころから使われているのに対して、「まずい」は江戸時代にな

ってから使われるようになったと考えられ、はじめから対をなしていたのではない。
②と④も連続的である。大まかには、状況を望ましくないと評価するときは②の意味になり、人の行為を望ましくないと評価するときは④の意味になると考えれば良い。ただし、人の行為であっても能力にかかわらないことや状況に左右されることは、広い意味での状況と解釈され②の意味になる。②では「まずいことに」「〜するとまずい」という定型表現がよく見られる。④では「〜はまずかった」というような過去の行為を反省するときにもよく用いられる。
②の意味では「やばい」（「ヤバい」→188ページ参照）と共通する部分もあるが、「やばい」の方がより俗語的である。「まずい」は、文章語や国会答弁などでも「国民の理解と納得を得るためには予算定員を増やすという形ではまずいであろう」のように、ふつうに用いられている。
「まずい」は、似た意味を表す婉曲《えんきょく》表現がなく、また「うまい」に対する「おいしい」のような丁寧表現もない。そのため、①の意味で「まずい」を使うと、飲食物の味をはっきりとぞんざいに否定することになり、気の許せる人以外には使いにくい。婉曲的に言うには、「うまい」「おいしい」という語を使って、「あまりうまくない」のように表現するしかない。また、「少しまずい」など程度を緩和する表現も、②④の意味では可能だが、①の意味では使いにくい。

調査の結果、①の意味で用いられるのは約三〇％にすぎず、味の意味でない用法が現代では主流となっていて、いろいろなまずさに使われている。

（石出靖雄）

★飛田良文・飛田秀子『現代形容詞用法辞典　新装版』東京堂出版　2018年
★中島晶子「味を表すことば——『おいしい、うまい、まずい』の多義性と構文の特徴」『お茶の水女子大学比較日本学教育研究センター年報』第10号　2014年

また

「こりゃまた驚いた」は「再び」なのか？

「また」という接続詞がある。累加《るいか》や補充を表すと言われている。語源的には、「二つに分かれたところ」を表す、木の「股《また》」、人の「股」などとつながりがある。接続詞としての「また」は、論理の流れの中の一種の分かれ目を表す。その分かれたもう一方を追加するのである。

繰り返しを表す副詞としての「また」も、こういう付け加えを表す意味が基本にあると言えるであろう。例えば、「太郎が以前来た」ことがあったという文脈で、「太郎がまた来た」と言えば、追加的に「太郎が来た」ことが取り上げられている。

ところがおもしろいのは、「何でまたそんなことになるの？」「こりゃまた大変」などの「また」である。これらの「また」は初めて起こったことでも使える。意味としては、むしろ、驚きを表すようなニュアンスがある。何でまたこんなところで「また」が使われるのだろうか。

考えられるのは、ここでは、繰り返しというより、追加的に取り上げるという意味が拡張《かくちょう》しているということだ。すなわち、「また」が表すのは、何か驚くべき出来事に遭遇《そうぐう》して、それを自分の経験の中に付け加えるようなニュアンスである。予想外のことが起こって、「付け加える」

というイメージがこの言葉を使う発想となっているのではないだろうか。「こりゃまた驚いた」の「また」も、繰り返しではない。二回目というわけでもない。むしろ、特別なことが加わったということを表すと見るべきだろう。「何でまた?」などというのも同様である。「加わってきたぞ」というニュアンスで取り上げるのではないだろうか。

そう考えれば、「また」の意味は単に繰り返しと言わない方が良いということになる。例えば、毎朝ご飯を食べるが、「また食べた」とは言いにくい。毎日寝ているが、「また今日も寝る」と言うのは変な気がする。あまりに日常的すぎると「また」は使えなくなってしまう。

むしろ、繰り返しよりも、「追加」ないし「付け加え」という意味が中心にあるのである。その意味で、「日(陽)はまた昇る」という題名の意味も、ちょっとふつうでないようなニュアンスがある。特別な意味が込められるのである。例えば、同じような明日が来るのだろうか、という思いを打ち消すといったニュアンスがあるように思う。

「またいつか遊びに来て下さい」も二回目という意味ではない。具体的な日付などはないが、とにかく気持ちとして付け加えるというニュアンスと言えるだろう。この「また」も、二回目という意味の場合もあるが、初めての場合も使える。その意味では、「また」もまた曖昧《あいまい》な言葉なのである。

(森山卓郎)

まだ

「まあだだよ」の「まだ」とは

「もういいかい」「まあだだよ」

かくれんぼをするときのこの二つの決まり文句は「まだ」や「もう」（↓184ページ参照）の違いを端的に示しており、文法の説明でもよく使われる。この「まあだだよ」は隠れるという行為が完了していない場合に用いられる。「まだ」は、ある事態が話し手の想定する基準を越えていない場合に用いられるのである。「まだ」には次のような使い方がある。

①勝負はまだついていない。

②A：ごはん、できた？　B：まだ一時間はかかるよ。

③A：やっと終わった。これで帰れる。B：いや、仕事はまだほかにもある。

④暑いより寒い方がまだ耐えられる。

①は事態がある基準を越えていない例である。例えば、野球の試合で一〇対〇となっていたとしても、最後のアウトをとるまでは勝負は完了していないと話し手が想定していれば①のように表現することになる。基準は話し手の想定によるため、五対〇でもその後、勝敗が変わることは

ないと話し手が考えれば①は言えない。「一〇時の電車にはまだ間に合う」も①と同様の「まだ」である。「まだ」のあとに肯定表現が続いているが、電車に乗るために基準となる時間を越えていないということである。肯定表現が続く場合も、裏を返せば話し手の想定する基準を越えていないということであり、「まだ」はやはりある基準を越えていない場合に使われる。

②は、事態が完了するまでの期間などが長い場合に用いる「まだ」である。この場合も期間が長いかどうかの判断は話し手による。「ゴールまでまだ三キロある」「（飲み物が）まだ半分残っている」の「まだ」も同様である。

③は、話し手の想定する基準に達するにはさらに付け加える必要があるという例で、結果的に完了していないことを表している。「別れる理由はまだある」なども同様の例である。

④は、基準には達していないが、ほかと比べれば基準に近いという例である。「寒い方がまだまし」のように「まし」とともに使われることも多い。「あの職場はまだ良い方だ」のように使われることもある。いろいろと問題があり、良い職場の基準には達していないが、他と比べれば良いということである。

①②③は「まだまだわからない」「まだまだ間に合う」「まだまだある」など、「まだまだ」で表されることもある。「まだまだ」は「まだ」を強調した表現だが、「私はまだまだです」のように「まだ」には言い換えられない場合もある。

（苅宿紀子）

★池田英喜「「もう」と「まだ」──状態の移行を前提とする２つの副詞」『阪大日本語研究』11　1999年
★森田良行『基礎日本語辞典』角川書店　1989年

まで

「大晦日《おおみそか》まで休みません」と書いてあるとき、大晦日は？

「大晦日まで休みません」と書いてあるとき、大晦日はどうなのだろう。「お酒は二十歳《はたち》まで飲めません」と言えば、「二十歳」を含んでいるわけではない。常識的には二十歳になれば飲酒しても良いので、二十歳は「飲めない」という範囲に含まれないと言える。「大晦日まで休みません」の場合、それと同じ解釈をするならば、大晦日当日は「休みません」に含まれない。すなわち大晦日の前日は営業するが大晦日の当日は営業しないという解釈になる。

しかし、「大晦日まで休みません」に対して、「大晦日も含めて年内は連日営業」という解釈もできないわけではない。これはお正月の買い物を大晦日の当日にまとめてしようと考えている人にとっては重大問題。「〇〇まで」というときの「〇〇」は、どういうときに含まれるのだろう。

そこで考えられるのが、取り上げ方の違いである。要素を一つずつ取り上げる読みでは、「〇〇まで」は、「〇〇」も含めた扱いとなる。「大晦日まで毎日」というときはそれまでの「日」を要素として取り上げ、「大晦日」を含む。これは「要素」用法と呼ぶことができる。最後の要素が「まで」に含まれる。「入場は百人まで」もふつうは「百人」を含む。

一方、「区切り」用法もある。「区切り」の境界としての用法で「〇〇まで」というとき、「〇〇からは違う区切り」になることになり、「〇〇」は含まない。「二十歳までお酒が飲めない」の「二十歳」は二十歳になった誕生日が区切りなので、区切り以降の「二十歳」はお酒が飲めるのである。区切り用法の場合、否定で使われることが多いように思えるが、「お子様ランチのご注文は小学校卒業までです」が「卒業」を区切りとして扱うように、否定でないこともある。

同様に、「品川まで各駅に止まります」は「品川」を含むが、「各駅」を取り上げるという要素用法だからである。一方、「品川まで止まりません」は「品川」の手前の駅まで止まらないのであって、「品川」は「止まる」。その意味で「止まりません」には「品川」を含まないのである。これは区切り用法として説明できる。

日程のときには使えないが、量の場合、「未満」と「以下」が使える。「二十歳未満はお酒が飲めない」のように、「〇〇未満」は、まさに「未だ満たさず」という関係なので、「〇〇」は含まない。一方、「〇〇以下」はふつう「〇〇」を含む。では、「以上」と「を超える」の場合はどうだろう。公用文では、「百人以上」と言えば、「百人」を含む。これに対して、「百人を超える」という表現の場合、「百人」は含まないで、実質、「百一人」以上という意味になる。

「入場は百人まで」「入場は百人以下」「百人を超えて入場できない」など、境界のところを含むかどうかの違いは小さいようだが、自分が「百人目」なら無視できない。

（森山卓郎）

まもなく

いったいぜんたいどのくらい？

「まもなく、一番線に○○方面行き電車が参ります」

耳になじんだホームでの入線アナウンスだが、これが流れてから実際に電車が到着して乗車できるようになるまで、いったいどのくらいかかるだろうか。

電車通学している大学生七九名の感覚を調査したところ、四〇秒未満が三八%、四〇秒～五九秒が三二%、六〇秒以上は三〇%という結果になった。実際は路線によっても差があり、筆者の最寄り駅では約四五秒だが、私鉄各社に勤務する知人からは「三五秒」「四〇秒」という答えが返ってきた。今どきは自動放送を導入しているところが多いが、そうでない場合は多少のずれがあるかもしれないそうである。

「まもなく」は漢字で書けば「間も無く」、つまりこの語が発せられた時点から「間を置かずに」ものごとが実現することを表すはずだが、所要時間は使用場面によって幅があり、聞き手も柔軟に対応する。劇場などでの「まもなく開演でございます」は開演五分前と決められていることが多いようだが、これを聞いた来場者はゆっくりと席に戻る。航空機内での「まもなく当機は着陸

態勢に入ります」も、乗客がテーブルの位置や座席の背もたれをもとに戻す数分間を見積もって流される。新商品が「まもなく発売開始」される予定や「まもなく二十歳《はたち》の誕生日を迎える」のような、未来についての確定した事実についての「まもなく」は、数日から一週間程度先のことが多い。また、過去のできごとについて言う場合は、数ヶ月、あるいは数年を指す場合も珍しくない。「戦後まもなく開館された」映画館は終戦の一年後に、「戦後まもなく建てられた木造住宅」は六年後に完成したという例もある。これらについて「曖昧《あいまい》だ」と目くじらを立てる人はいないだろう。

確定していないことについても「まもなく」を使うことがある。電車の運行見合わせ中のアナウンス「まもなく運転を再開します」は、数分後のこともあれば、数十分後のこともある。この「まもなく」は、不確実なことについて『ただちに』は無理だけど『そのうち』ほど時間はかかりません」とぼかして伝える便利な用法である。

裏を返せば、正確さが求められる場面では「まもなく」の使用を控えた方がよい。入学試験でのアナウンスは「まもなく試験終了です。受験番号と氏名を確認してください」ではなく、「試験はあと五分で終了します」のように、はっきり伝える必要がある。さもないと「あと三〇秒しかない」とあわてふためく受験生、「まだまだ時間がある」とのんびり構える受験生で試験会場が大混乱に陥ってしまうかもしれない。

（大塚みさ）

まるで

まるでだめな人は本当にだめか

①「私、これじゃあまるでだめだ」と言うときと、②「私、これじゃあまるで、だめな人だ」と言うとき、両方とも「まるで／だめ」という表現が用いられていて、「私」が自分自身の状況について嘆いているさまがうかがえる。ただよくよく考えてみると、①では「私」のことを本当に「だめ」だと評価しているのに対し、②では、自分のことを「だめ」だとは思っているかどうかはともかくとして、ほかの人から「だめ」な人のように見えることを危惧しているように受け取れる。同じ「私」の嘆きでも、両者には大きな違いがある。そこで「まるで」を国語辞典で引くと、多くの場合、次の二つの用法が記載されている。

⑴その状態に相当、または類似するさまを表す。「さながら」・「あたかも」等に相当

⑵完全にその状態であることを強めていう。「まったく」・「全然」等に相当

これを冒頭の例にあてはめると、①の「まるで」は「だめ」という状態を強めて述べていることから⑵の用法に該当し、②は「だめな人」に見えるということであるから、⑴の用法に該当する。ちなみに、「まるで」という語自体は、『日本国語大辞典』第二版によると「まる」（丸）の「全

部」「完全な状態」の意から派生したとされる。

では①②を分ける要素は何だろうか。②では「だめ」は後ろの名詞「人」と一体になって、「だめな人」という大きな名詞の塊《かたまり》をつくっている。これが、「私」と類似するものとして引きあてられるため、⑴と解釈される。一方で①は、単に「だめだ」という状態を述べて文を終わっており、「私」の類似性の引きあて対象を想定しがたい。そのため、状態を強める⑵と解釈されたのであろう。ちなみに⑴の場合は、「~みたいだ」「~ようだ」などとともに用いられることも多く、⑵の用法は、「ジョバンニは、まるでどきどきして、頭をやけに振りました」（宮沢賢治『銀河鉄道の夜』一九四一年）のように用いられることもあったが、現代では打ち消し表現や、「だめ」のような否定的意味を含むものにかかるのがふつうである。

ところで、「あの人はまるでだめな人だ」になると、どちらとも取れる曖昧《あいまい》な文となる。②では、「私はだめな人だ」とは言いにくいことから、「人」は「私」以外と解釈されるが、「あの人」となると、「だめな人」とイコールであると判断されやすいからであろう。

⑴のように、何かと「類似する」と判断することは、ある状態のものと似ている度合いが高いということを見出すことである。その過程には、（その似ているものの）ある状態の度合いが高いということをはかる、という判断が含まれている。⑵には「類似する何か」がないだけで、状態の度合いをはかる点は共通しているのである。

（市村太郎）

★小矢野哲夫「程度副詞としての『まるで』」『日本語・日本文化研究』5　1995年

見切れる

「見切れているよ」と言われたら、どうする？

テレビを見ていて、「見切れている」という表現を初めて耳にした。話の流れと映像から、「本当は画面に映ってはいけない人物が、誤って映ってしまっている」意味であることは明らかであった（この意味を、以下①とする）。しかし「見切れる」という語からは、反対の意味が連想される。すなわち「枠内に収まって見えているべき対象が、はみ出して切れてしまっている」という意味である（こちらの意味を、以下②とする）。「語感と逆の意味を持つおもしろい言葉だなぁ」と感心していたのもつかの間、今度は大学生が写真撮影の場面で後者の②の意味で「○○さん、見切れてる！」と言っているのを目撃した。テレビ業界と大学（生）という言語使用の「場・状況」の違いはあるものの、①と②、正反対の意味で使われているのであった。

ジャパンナレッジで検索すると、「見切れる」は毎年更新される『デジタル大辞泉』においてのみ立項されている。[*] そして、語義として①②の二つがこの順序で示されている。いずれの用法も最近になってある程度市民権を得、一般的になりつつあるということだろう。

いずれの用法も一般的になって広まれば、人によって意味の認識が異なるという事態が発生す

る。例えば自分が集合写真の被写体になったときのことを想像してみよう。撮影者から「〇〇さん、見切れてる！」と言われたらどうするか。①の意味だと思った人は、「実は自分は邪魔だったのか」と画面の枠から出ようとする。②の意味だと思った人は、「自分ははみ出しているんだ」と思い枠の中に入ろうとする。①②両方の意味を知っている人は、撮影者の指示がどちらであるのか判断がつかず右往左往し、ますます「見切れる」。撮影者は、①②両方の意味の存在を知っているならわざわざこの言葉は使わないだろうから、①か②いずれかの意味で「見切れてる！」と言ったはずである。たまたま同じ意味で解釈すれば問題ないが、逆であった場合は撮影者の思惑と正反対の行動を被写体は取ることになってしまう。また、同様のことが起こり得るシーンはほかにも想定される。

＊「見切れる」の項　『デジタル大辞泉』JapanKnowledge Lib→参考資料

最近は写真や図画像を手軽に加工し、他者と共有する機会が増えた。例えば「左端の人、見切れてるから直そうよ」と誰かが発言した場合、聞く側は「枠内に収めるのか、枠から完全に出すのか、どちらなのかわからない」状態となる。

関連して、「見切れ席」という語がある。野球場やコンサート会場等々で、グラウンドやステージ、演出の一部が見えない席のことである。「見切れ写真」なるものもあり、自分の顔が一部だけ写るように自撮りした写真を指す。「見切れ席」「見切れ写真」は、①②どちらの意味に由来する表現なのだろうか。考えれば考えるほどわからなくなるから、頭の体操がしたいときにぜひお試しあれ。

（増地ひとみ）

column

投げる

「これ投げて」と言われて、それを相手に投げたら怒られたという話を、東北地方で聞くことがある。ボールを投げるのも「投げる」だが、東北方言では「捨てる」ことも「投げる」という地域がある。「うっちゃる（＝「うちやる」から来ている）という地域もある。ちなみに、関西では捨てることを「ほる」とも言った。「ほる」は「投げる」の意味も持つので、発想は似ている。ただし、もっとよく聞くのは、関西の「ほかす」だ。「放下する」から来ている。捨て去ることを表すのだが、音が似ているので「保管する」と間違われることがある。

無理

好きすぎて無理⁉

「無理」には『広辞苑』によれば以下の三種類の意味があるとされている。①道理が通らぬこと。②難しいこと、不可能なこと。③強いて行うこと。それぞれの例は以下の通りである。

①無理を言ってもらっては困る。

②すみません、その時間帯は先約があって無理です。

③カバンに無理に入れようとして、ファスナーが壊れてしまった。

単純に、「それは無理だ」と言った場合、「その要求は道理が通っていない」という意味を表している可能性と、「事情があってできない」という意味を表している可能性がある。「無理」ということを伝える際には言葉を添えるようにしたい。

さて、ここまではいわば伝統的な用法であるが、若い人たちの間ではさらに多様な使われ方がされている。④否定的な評価。⑤肯定的な評価。それぞれの例は以下の通りである。

④昆虫は本当に無理。気持ち悪い。

⑤ちょっとかっこ良すぎて無理！

④は生理的な嫌悪感を表している。そして、⑤は誤解のないように解説すると「かっこいい！　大好きだ！　という気持ちが高まってどうしようもない、この感情を制御するのは無理である」という極まった肯定的な感情を「無理」で表しているのである。調査によれば、④のような否定的な評価は大学生の九三％が、⑤のような肯定的な評価は四〇％が使用すると回答した。さらには⑥のような感謝を表す用法も二〇％が使用するとのことである。

⑥（誕生日プレゼントをもらって）え、無理！　ありがとう！

一つの語が否定的感情と肯定的感情の両方を表すのは大変に曖昧《あいまい》で、ややこしい。が、このような現象は言語を問わず、人間には常にみられてきたことである。現代でも本来否定的な評価であった「やばい」（「ヤバい」→188ページ参照）「しんどい」が、「おもしろすぎてヤバい」「好きすぎてしんどい」のように肯定的に用いられている。そして歴史を振り返れば、「すごい」のもともとの意味は「ぞっとするほど恐ろしい」という否定的な評価であった。今では否定的な「すごい」は使われなくなってしまったが、肯定的な「すごい」と混在して使われていた時期もあったのである。

（中俣尚己）

★髙橋圭子・東泉裕子「語用論的標識としての漢語「無理」の歴史」『東洋大学人間科学総合研究所紀要』23　2021年

「めっちゃ辛い」「めちゃくちゃ辛い」

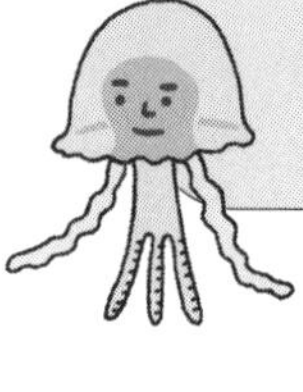

どっちが辛い？　どれくらい辛い？

「めちゃくちゃ辛い」「めっちゃ辛い」「超辛い」「マジ辛い」「鬼辛い」―辛いカレーを食べに行ったとして、辛さの程度対決のアンケート調査をした（都内大学生六八名）。まず「めっちゃ辛い」対「めちゃくちゃ辛い」では、「めちゃくちゃ」の方が高程度という回答が多かった（七九％）。本来の長い形の方が高程度と把握される傾向があるのかもしれない。「めっちゃ」が少し崩れた形なので、日常的なニュアンスになるからかもしれない。「めちゃくちゃな勉強」はだめだが、「めちゃくちゃ勉強した」子の方が「めっちゃ勉強した」子よりも頑張っていることになりそうである。

「マジ辛い」と「マジで辛い」では、どちらが辛いのかという文法的な使い分けも見た。八二％が「マジで」の方が辛いとの回答だった。「マジで」の方が本来的な形で、その方が程度が高いというとらえ方だと言える。本来的な形の方がより真実味があるのかもしれない。前述の、本来的な「めちゃくちゃ」の方が程度が高かったこととも通ずる。もっとも、あくまで傾向であり、そうではないというとらえ方をする話し手も一定数いることには注意が必要である。

では、「すごい辛い」「すごく辛い」はどうか。「すごい」は形容詞なので「辛い」を修飾するのであれば、本来は「すごく」となるはずだが、「すごい」でそのまま一種の副詞のように使う。この違いは微妙で、本来の形容詞連用形の「すごく辛い」の方が程度が高いとしたのは二九%だった。一方「すごい辛い」の方を選んだのもほぼ同じ程度の二二%であった。

では、「ヤバい辛い」対「すごい辛い」ではどうだろうか。「ヤバい」(→188ページ参照)は、もともと「危険状況」にも通じる言葉である。「すごい」も本来は「ぞっとする」感じというとびきりの程度表現である。結果は、七二%が「ヤバい」の方が辛いという回答であった。「すごい」よりも「ヤバい」の方が程度が高いという人が多いのは、それだけ新しい表現となっていて程度表現としてのインパクトが高くなるからであろう。もちろん、「ヤバい」というある意味での「危険」というもともとの意味が関連していることも考えられる。

なお、別に八〇人を対象に、「超」と「ヤバい」のいずれの程度が高いかを比べたが、おもしろいことに各々四四%ずつの引き分けだった(「同じ」も一〇%だった)。「超」もなかなか程度が高い。結局、「めちゃくちゃ辛い」>「めっちゃ辛い」、「マジで辛い」>「マジ辛い」という構成の違いによる程度差があること、「超辛い」「やばい辛い」>「すごい辛い」「すごく辛い」というように、「超」「ヤバい」の程度はヤバいのである。

(森山卓郎)

もう

「もう八時だ」と「まだ八時」

目覚まし時計が鳴っていないときに目が覚めて、時計を見てどう思うか。

①（よく寝た気がするので一〇時ぐらいだと思ったら）まだ八時だ。

②（目は覚めたが眠いので六時ぐらいだと思っていたのに）もう八時だ。

同じ時刻であっても話し手の想定によって「まだ八時だ」となったり「もう八時だ」となったりする。「もう」と「まだ」（→168ページ参照）は比較されることが多いが、両者はともに話し手の判断があらわれる語である。「もう」は話し手が想定する基準を越えた場合に、「まだ」は越えていない場合に用いられる。事態の想定により、両者ともに肯定も否定も続くことがある。

③（朝、店が開いているかを気にかけて）もう開いている／まだ開いていない

④（夜、店が開いているかを気にかけて）もう開いていない／まだ開いている

「もう」にはほかに、次のような例がある。

⑤勝負はもうついた　⑥もう届くはずだ

⑦もう少し待ってください

⑧ チケットが当たって、もううれしくてたまらない　⑨ 何やってんだよ、もう

⑤⑥は事態がある基準を越えた例である。⑤は事態が基準を越えて完了した際に用いる「もう」で、試合は終わっていなかったとしても話し手が想定する勝負を決する基準を越えて「勝負」が完了したことを示している。ほかには「今からではもう間に合わない」「あれからもう一年も経った」なども同様の例である。「おかわり、どうですか」と聞かれて「私はもう……」などと言うことがある。言い切らない曖昧《あいまい》な表現だが、食べられる基準を越えている、お腹がいっぱい、十分ということである。⑥は、事態は完了していないが、完了するまでの期間が短い場合に用いる「もう」で、「もうすぐ暖かくなるだろう」「もう終わる」なども同様の例である。

⑦は基準を越えて付け加える例で「もう一つ食べたい」「もう一回読もう」などのように数量の表現をともなって使われる。

⑧⑨は話し手が制御できる範囲を越えて感情が高まっている際に用いる「もう」である。「A：ライブどうだった？　B：もう感動した」の「もう」は⑧と同じで良い感情を抱く例である。一方、⑨は感情の高まりといっても怒りやあきれなどの良くない感情で、「もう、いい加減にして」「もう、あんたって人は」などの例がある。⑧も⑨も「もう」だけで続きを言わないこともある。音声で発する場合、平板な「もー」という音調もあるが、特に怒りの感情を表すときは「低高低」のような音調になることがある。

（苅宿紀子）

★池田英喜「「もう」と「まだ」——状態の移行を前提とする２つの副詞」『阪大日本語研究』11　1999年
★金水敏・工藤真由美・沼田善子『時・否定と取り立て』岩波書店　2000年
★森田良行『基礎日本語辞典』角川書店　1989年

もらう

「してもらう」は、誰が何をするの？

「してもらう」という表現は、多義的である。例えば、「歌ってもらう」という文は曖昧《あいまい》で、これが「今度の同窓会では、先生に歌ってもらおう」という文なら、教え子たちが先生にお願いをして歌わせた解釈が可能であるが、「昨夜は、大好きな歌手に思い出の歌を歌ってもらって、とってもいいコンサートだった」という文なら、歌という恩恵を受けた解釈になる。つまり、「してもらう」の曖昧性は、立場の強い者や主催者側などから「してもらう」動作を依頼するような文脈では「使役」の意味に近くなり、「してもらう」動作を恩恵やメリットとして享受《きょうじゅ》するという文脈では「受身」の意味に近くなる。「先生がぜひ歌いたいとおっしゃるので、そのまま歌ってもらった」のような「許容」的意味の「してもらう」も指摘されている。*

受身的な「してもらう」は、直接的に何らかの恩恵や利益を被るような動詞に多く見られる。例えば、「道を譲る、大切にする、ほめる、教える、処方する」といった動詞である。何らかの恩恵や利益を被るという意味において、受身文との近さが感じられる。

では、使役的な「してもらう」は、どうであろう。例えば、「酒の相手をする、勉強する、好

きにする、協力する」といった動詞が「もらう」の補助動詞として使われた場合に、使役者と行為者の関係が表現されやすい。ドラマで年配の男が「酒の相手でもしてもらうかな、フフフ」なんて登場すれば、権力の座にいる大物政治家が酒の相手を強要しているシーンがイメージできるし、校長先生が入学式で「入学おめでとう。これからはみなさんにしっかりと勉強してもらいたいと思います」と挨拶したら、生徒たちにしっかりと勉強させようとする意図が感じられるだろう。使役的な意味が生じやすいのは、例文のように「してもらいたい」や「してもらおう」といったモダリティ形式が共起している場合が多い。

「してもらう」の基本的な意味は、「相手の行為によって自分が何らかの利益や恩恵を受けること」である。先の歌手の例文がその典型であろう。だから、「誤解する」などのありがたくない動詞で「してもらう」の肯定文を作ると、迷惑な意味が表現されてしまい、「誤解してもらう、勘違いしてもらう」などのように言いにくい。「そんなこと今更言ってもらっても困る」という文もこの意味である。

この悪いことをわざわざ「してもらう」で表現し、相手に威勢を張るような場面がヒーロー物に多い。悪者の「お前にはここで死んでもらうぞ!」という台詞《せりふ》は、悪いことをわざと恩恵や利益のように扱いながらヒーローをののしる表現である。ヒーローはというと、「できるものなら、やってもらおう!」と余裕を見せながら、格好良く悪者をやっつけるのである。

（中山英治）

※山田敏弘「テモラウ受益文のはたらきかけ性をめぐって」『阪大日本語研究』11 1999年

ヤバい

ヤバい、喜べない……

かつて「やばい」は「危険や不都合が予測されるさまである。危ない」[*1]というように、もっぱら否定的な意味で用いられた。しかし最近は、特に若者の間で肯定的な用法が広まっている。書き言葉においては、カタカナ表記「ヤバい／ヤバイ」も多く使用されている。若者が使用する語として、「あぶない・最悪な状態にも、すごくいいとき・最高の状態にも使う。意味は文脈によって決まる」と、語義に解説を加える用語辞典もある。[*2]「無理」（↓180ページ参照）も似ている。

「意味は文脈によって決まる」とされていることから明らかなように、否定的な用法と肯定的な用法の両者が併存しているのが二〇二一年における現状である。実際、大学生九五名に「『やばい』を良い意味で使うことがあるかどうか」を尋ねたところ、九一名（九五・八％）が「ある」と答えた。ここで問題となるのは、「ヤバい」と口頭で言われたりSNSで発信されているのを文字で見たりしても、それが否定的な意味なのか肯定的な意味なのかがわからないことである。面と向かって会話しているときであれば表情や口調で判断がつくかもしれないが、字面《じづら》ではわからない。否定的な意味のときはカタカナ、とでも決まっていれば話は簡単だが、そういうわけで

もない。さらに話を複雑にするのは、肯定的な意味合いで使用されるときも、「やばい」が表す感情や評価にはさまざまな可能性がある点である。先述の大学生たちは、「やばい」を「感動した」「うれしい」「おもしろい」「楽しい」「おいしい」「うまい」「かっこいい」「かわいい」「珍しい」などの意味で使うことがあるという。おまけに「大きい／小さい」「早い／遅い」「重い／軽い」「長い／短い」というように、正反対の意味でも用いるらしい。何でもこの一言で片付きそうなくらい、「やばい」は版図《はんと》を拡大中である。程度表現でも使われる（↓183ページ参照）。ヤバい。

「やばい」の意味の守備範囲の広さは「すごい」に通じるとも言えそうだが、「すごい」と「やばい」には決定的な違いがある。使用者の属性である。「すごい」は老若男女を問わず日常的に使われるが、「やばい」はそこまでの広がりを見せてはおらず、まだ若者言葉の域を出てはいない。そのため、例えば若い世代が「その服、ヤバいです」とほめたつもりが、新用法に馴染みのない相手は「けなされた」と受け止めることになりかねない。そもそも新用法を知らなければ、文脈を考慮して「ほめ言葉かも？」とプラス思考で解釈し直す余地もない。「やばい」は、他者に向けて発せられるほか、独り言としても使用されるが、他者に向けて発する際には聞き手や読み手が新用法を知らない可能性を想定しておく必要がありそうだ。

ちなみに「やばい」の変型「やべ」「やっべ」は、話者や場面にもよるが英語の感嘆表現 "Oh, my God!" の訳語にぴったりである。賛同していただけるのではないだろうか。（増地ひとみ）

＊1 「やばい」の項 『日本国語大辞典』第二版 JapanKnowledge Lib→参考資料
＊2 「やばい／やべー／やばみ／やばたん」の項 『現代用語の基礎知識』2019～2021 JapanKnowledge Lib→参考資料

やる

やった！　やっちゃった！

「やる」には「人をやる」（送る・行かせる）、「花に水をやる」（与える）のような用法もあるが、「ゲームをやる」のように、「する」のくだけた言い方として用いる場合も多い。また、「よくもやった（＝殴った）な」、「大将、やってる（＝営業している）かい」のように、ほかの動詞のかわりとしても用いられる。

「する」、あるいはほかの動詞のかわりとしての用法は、さらに、目の前の事態について話し手の判断・評価を表す用法へ発展する。「なかなかやるじゃないか」といえばほめ言葉であり、「あいつはいつかやるぞ」といえば将来的な失敗、あるいは成功の予想であるが、もっと瞬間的な事態の判断・評価としても、「やる」はよく用いられる。

「やった、成功だ」、「やりました、日本、金メダルです」などのように、「た」が接続する場合は肯定的な評価を表す。また「やっちゃった！」のように、「てしまった」が接続する場合には否定的な評価を表す。「やっていた！」、「やっちゃう！」のような言い方はなく、ほぼ定型句と言える。「やった」は、感動詞として見出しに立てる国語辞典も多い。

「やっちゃった」が否定的な評価であるのは、「てしまう」が基本的に好ましくない事態を表す（「転んでしまう、落としてしまう」）ことに起因するであろう。「やった」については、『日本国語大辞典』第二版で「してやったり」の意であるとしている。「（自分の思い通りに）〜してやった」という連想から、肯定的な評価となったのであろうか。いずれにせよ、「やった」は歓喜の声として、現代日本語において定着している。

ただし、「やった！」は、地域によっては「やっちゃった！」の意味で用いられることもある。二〇〇三年に行われた調査*では、「失敗した時に思わず口にする言葉は何ですか？」という質問文に対し、「ヤッター」と回答した地点は、福島、東京などに多く見られ、岡山、大分など、西日本にも分布している。

また『ドラえもん』に、のび太が先生の花瓶を落として割ったところを目撃したスネ夫が、（笑顔で）「ああっ、やったあ」と言うシーンがある（藤子・F・不二雄『ドラえもん』1、小学館、一九七四、*p.*43）。この「やった」は自分が失敗した場面ではないが、「やっちゃった！」に通ずるものがあろう。

種々の動詞のかわりとなり、また肯定・否定いずれの意味にも展開し、さらに、基本的には肯定の意味を表す「やった」にも揺れが見られるなど、日常における使用頻度の高い「やる」の輪郭は、なかなかにぼんやりとしている。

（石川　創）

＊澤村美幸・小林隆「『しまった！』に地域差はあるか？」『言語』34-11、大修館書店 2005年

やれやれ

村上春樹の「やれやれ」とは？

「やれやれ」を『新潮現代国語辞典』第二版で引くと、「深く物に感じた時、疲れた時、失望した時などに発する声」とある。かつては人を呼ぶ場合にも用いられていた（「やいやい」とほぼ同義）が、現代ではその用法は失われている。「深く物に感じた時」の用法も縮小傾向にあるのではないか。同辞典でも引用されている、次のような「やれやれ」は、現代ではやや違和感を持って受け止められるかもしれない。

あの男がかやうにならうとは、夢にも思はずに居りましたが、眞に人間の命なぞは、如露亦如電に違ひございません。やれやれ、何とも申しやうのない、氣の毒な事を致しました。

（芥川《あくたがわ》龍《りゅう》之介《のすけ》「藪の中」、一九二二年）

そのようなわけで、現代では「やれやれ、くたびれた」（疲れ）、「やれやれ、ようやくメドが立った」（安堵《あんど》）、「やれやれ、また失敗か」（失望）といった用法が主であろう。こうして見ると、否定的な意味で用いられることが多いように見えるが、必ずしもそうではない。「あなたにしかできない仕事なのですよ」などと頼みごとをされた場合に、「やれやれ、しかたがないなあ」と、

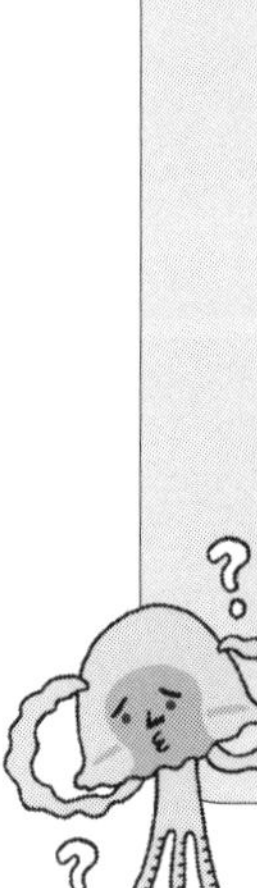

まんざらではない表情をして引き受けることもある。表向きは「失望」のように見せながら、その実は相手に対して優位に立っていることに心地よさを感じているものである。「やれやれ」には少し余裕がある。

また、「やれやれ」と聞くと、村上春樹《むらかみはるき》作品を想起する人も多いであろう。心中の描写、実際の発話を問わず「やれやれ」が多用され、例えば『ノルウェイの森』だけでも一〇を超える用例がある。村上作品における「やれやれ」は、斜に構えるような言い方であることも多い。自分を取り巻く状況や相手に対し、皮肉めいた心情を吐露するような「やれやれ」である。

「そんなに永沢さんのこと好きなんですか?」

「好きよ」と彼女は即座に答えた。

「やれやれ」と僕は言ってため息をつき、ビールの残りを飲み干した。「それくらい確信を持って誰かを愛するというのはきっと素晴しいことなんでしょうね」

(村上春樹『ノルウェイの森(下)』、講談社、一九八七年、p.125)

「やれやれ」に類似する感動詞として「あーあ」があり、「あーあ、〔くたびれた/また失敗か〕」(疲れ・失望)のように言うことはできるが、「あーあ」に安堵の用法はなく、この『ノルウェイの森』の用例も「あーあ」には置き換えられない。「やれやれ」の表す感情の領域は、なかなかに複雑な形をしているようである。

(石川 創)

ようだ

「太郎くんのような男の子」は太郎なの？　太郎じゃないの？

①　太郎くんのような男の子

①には、三つの解釈がある。一つ目は、「男の子」の具体例として「太郎くん」が挙げられている、すなわち〈例示〉という解釈である。二つ目は、「男の子」を「太郎くん」に例えている、すなわち〈比喩・比況〉という解釈である。三つ目は、「男の子」を「太郎くん」だと予想している、すなわち〈推量〉という解釈である。

ここでは、〈例示〉〈比喩・比況〉〈推量〉の用法の違いについて、「太郎」と「男の子」という二つの要素の同一関係という点から考えてみよう。〈例示〉は、具体例を挙げる表現であるから、もちろん、「太郎」は「男の子」の一部であることになる（包含関係）。これに対して、〈比喩・比況〉は、似ていることを表す表現である。したがって、「太郎」と「男の子」は同一ではなく、必ず別の人物でなければならないということになる（不一致関係）。このように、〈例示〉と〈比喩・比況〉は、「一部である」「別のものである」という点では正反対である。しかし、「同一であるかどうかが明らかである」という点では共通している。これに対して、〈推量〉は、あくまで「男の子」が「太郎くん」ではないかと「あたりをつけている」だけなので、同一であるかどうかは不明である。この点で、〈例示〉〈比喩・比況〉と〈推量〉は大きくタイプの異なる表現であると言える。なお、①の曖昧《あいまい》さを解消するには、次のような表現の補い・書き換えが有効である。

a 例えば太郎くんのような男の子（は戦隊ヒーローが好きだ）。〈例示〉

b まるで太郎くんのような男の子（が近所に住んでいる）。〈比喩・比況〉

c 太郎くんと思われる男の子（が歩いているのが見えた）。〈推量〉

「ようだ」を用いた表現でもう一つ注目すべきは、「ない」が一緒に使われた場合である。

② 私はあなたのように数学が得意ではない。

a 私はあなたのように［［数学が得意では］ない］。

b 私は［［あなたのように数学が得意では］ない］。

この曖昧さは、「ない」がどこまでを否定しているか（作用域）の違いとも関係する。aの場合、「ように」は〈例示〉を表し、「あなたは数学が得意ではなく、私もそうである」という解釈になる。bの場合、「ように」は〈比喩・比況〉を表し、それを「ない」で否定することで、「あなたは数学が得意であるが、私はそうではない」という解釈になる。

この通り、「ように」は、二つの要素の同一関係の違いによる三つの用法がある。プロポーズでは「あなたのような人が好きです」のような表現は使わない方が無難であろう。（久賀 朗）

★森山卓郎「推量・比喩比況・例示：『よう／みたい』の多義性をめぐって」『宮地裕・敦子先生古稀記念論集　日本語の研究』明治書院　1995年
★清水義範『バールのようなもの』文藝春秋　1995年

よく

「猫をよく見る」……猫は一匹か、たくさんか？

「猫をよく見る」という文は、「猫を注意深くじっと見る」という意味だろうか。あるいは、「最近、この近辺で猫を頻繁《ひんぱん》に見る」という意味だろうか。前者の場合、注視されている猫はおそらく一匹であり、後者の場合、目撃されているのは近隣に住む複数の猫である可能性が高い。

このように、「よく」には複数の意味がある。

例えば、「卵と砂糖をよく混ぜる」「故障の原因をよく調べる」「昨夜はよく眠れました」などの文では、「よく」は「十分に・念入りに・多く」といった意味に解釈できる。

「よく道を聞かれる」「よくある質問」などの文では、「よく」は「頻繁に・しばしば」の意味で用いられている。例えば、「よく道を聞かれる」は道を聞かれる頻度が高いことを示している。

また、「よくできました」「このレポートはよく書けている」「一番よく撮れている写真を選ぶ」などの文の「よく」は、「うまく・上手に・巧みに」という意味になる。

「合格したか、よくやった！」「八時半に起きたんでしょう、よく間に合ったね」などの文の「よく」は、困難なことを成し遂げたり、想像以上の好ましい結果を得たりしたときの、賞賛や感嘆の気持ちを表している。「よくそんなひどいことが言えるね」「飽きもせずによくやるよ」などは、この「よく」が否定的な意味で用いられたもので、驚きとともに非難・軽蔑《けいべつ》したり、皮肉を込めたりするときに使われる。

明確な意味を持たない「よく」もある。例えば、「非常に知っている」「極めて歩いた」とは言いにくいが、これに「よく」を入れると「非常によく知っている」「極めてよく歩いた」と自然な文になる。この場合の「よく」は文法上必要だが、実質的な意味は持っていない。

これらのうち、「十分に・念入りに・多く」の意味と、「頻繁に・しばしば」の意味には連続性があり、冒頭の「猫をよく見る」のように、両方の意味で解釈できる文は少なくない。別の例を見てみよう。「よく食べる」という文は、「十分に・念入りに・多く」の意味で解釈すると、「食欲旺盛で食物を大量に食べる」ということになるが、「頻繁に・しばしば」の意味で解釈すると、「ある物を頻繁に食べる」ということになる。後者では、例えば、最近カレーを頻繁に作って食べている（あるいはカレーの店に頻繁に通っている）というような状況が想像される。

両者は、「よーく」の形への置き換えが可能かどうかで見分けることができる。「頻繁に・しばしば」の意味の場合、「よーく」とは言わない。つまり、「猫をよーく見る」「よーく食べる」と言える場合は、「十分に・念入りに・多く」の意味となる。

（渡辺由貴）

夜更け　真夜中

昼の真ん中は一二時。では、夜の真ん中は？

夜から朝にかけての時間に関係する表現はたくさん思い浮かぶ（「早朝」→84ページ参照）。動詞としては、「明ける」「暮れる」「更ける」などがある。「明ける」は、日（太陽）の動きによって明るくなることで、反対に「暮れる」は暗くなることである。「更ける」は形容詞「深し」と同語源で、「時間が経過して深まる」という意味なので、「夜が更ける」は、夜になってから時間が経過することを表すことになる。

名詞（単純語）としては「朝」「夕」「夜」「宵」「晩」などがある。この中で、「朝」と「夕」、「朝」と「晩」は対となる表現である。例えば、「朝食と夕食」「朝から晩まで」などのような対応が見られる。明るくなってからの時間を表すのは「夜明け」「朝」「昼」ぐらいしかないのに、暗くなってからの時間は実に多様である。その中で、最も長い時間を表せるのが、日暮れから夜明けまでの意味で用いることのできる「夜」である。その夜をさらに名詞で時間順に分けると、夕、暮、宵、晩ということになる。「夕」とは日が暮れかかっているときで、明るい間の最後のとき。「晩」も「夕」とほぼ同じころを指すと考えられる。「暮」は日が暮れるときで、ここから夜に入る。「宵」

は夜のはじめのころを指す。

夜に入ってからは、漢字二字以上で表されることが多くなる。夜の半ばが「夜中」や「夜半」である。天気予報で「宵から夜半にかけて」という表現をよく耳にすることからも、「夜半」は「宵」から時間が経過していることがわかる。その次が、「真夜中」で夜が一番更けたときである。「更ける」は深まるという意味であるから、「深夜」という語もほぼ同じ意味だと考えられる。「夜が一番更けたとき」というのは、夜の時間の中で最も遅く、その上明ける気配がないということになる。ちなみに、天気予報では、一五時〜一八時を「夕方」、一八時〜二一時を「夜のはじめ頃」、二一時〜二四時を「夜遅く」、〇時〜三時を「未明」としている。

強い照明のない時代には、夜の時間の経過が現代とは違った意味を持っていたことだろう。現代も太陽の動きの影響は大きいが、現代人はほかの要素も含めて時間を体感していると思われる。実際、私たちは太陽の動きよりも時計の動きを気にしている。そこで、「真夜中」と「夜更け」は何時にあたるのかというアンケートを行ってみた。都内M大学の学生とその友人の大学生(合計一九八名)に聞いたところ、「真夜中」は、〇時四七%、二時二九%に回答が集中し、それ以外は二四%であった。日付の変わり目を意識している人が多そうである。それに対して、「夜更け」は回答がばらばらで、最も多い二二時が一八%で、〇時一七%、一三時が一五%と続き、一九時から二時まで分散した。「夜更け」は大学生にとって曖昧《あいまい》な言葉のようだ。

(石出靖雄)

★『日本国語大辞典』第二版　小学館　2003年
★日本気象協会ホームページ

らしい

「彼らしい」の曖昧性《あいまい》

助動詞「らしい」には、①のように誰かから聞いた情報を伝える伝聞の用法と、②のように自分の経験や感覚をもとに不確かな情報を伝える推定の用法がある。ただし、実際に使われるのは伝聞の用法がほとんどである。伝聞と言っても人から聞いた話だけでなく、本やインターネットなどで読んだ情報も含まれる。

① ニュースによると台風は関東地方を直撃するらしい。

② さっきからたくさんのヘリが飛んでいる。何か事件があったらしい。

しかし、もう一つ、「らしい」にはさらに注意が必要な用法がある。以下の③には実は二通りの解釈がある。わかるだろうか。

③ 最後の最後で失敗したのは彼らしい。

一つは、「失敗したのは誰か、という文脈でどうやらそれは彼だという情報を聞いた」という伝聞の解釈。もう一つは、「最後の最後で失敗したというのは、いかにも彼がやりそうなことだ」という典型的な属性の解釈である。後者の「らしい」は文法的には助動詞ではなく接尾辞と呼ばれる。要は「春らしい」とか「親らしい」のようなものであるが、実際には「羽生《はにゅう》結弦《ゆづる》らしい演技」のように固有名詞にも使うことができる。また、「彼らしさ」のように名詞として使うこともできる。

　接尾辞の「らしい」が助動詞の「らしい」とは別の存在と考えられているのは一つには接尾辞「らしい」は名詞にしか接続しない点、もう一つはアクセントの違いである。③の「彼らしい」の部分は伝聞であれば「カ《H》レ《L》ラ《L》シ《H》イ《L》」となり、「レ」で一度下がる（Hは高い音、Lは低い音を表す）。一方、典型的な属性を表す場合は「カ《L》レ《H》ラ《H》シ《H》イ《L》」となり、「カレ」は下がることなく平坦に発音する。「珍しい」と同じアクセントということである。

　このように、話し言葉ではアクセントが意味の曖昧さを解決してくれることがある。しかし、書き言葉では③のように二つの解釈が残ったままになる。特に書き言葉では文の曖昧さに注意が必要なのである。

（中俣尚己）

六、七万円

「六、七万円」って、要するにいくら？

数字を並べることで概数を表す表現がある。数字の曖昧《あいまい》な示し方で、六、七は仮の例である。「六、七万円」ならば六万円から七万円の間の連続的な数も含まれるが、「六、七人」というときは六か七かのいずれかの数ということになる。その間の数字がある場合はそれも含めて、数値を幅を持って示す言い方である。「六人ないし七人」のように言う場合でも同様。

これにはあるルールがある。「三、四人」も、「四、五人」も、「五、六人」も、「六、七人」も、「七、八人」も言うのだが、「九、一〇人」と「一〇、一一人」は言わない。さらに数字を増やしていって、「一二、三人」「一四、五人」以下、「一八、九人」までは言う。しかし、「一九、二〇人」と「二〇、二一人」は言わない。「一〇」「二〇」がかかわる場合はその「前後」と取り上げる、「一〇人前後」「二〇人前後」という。

ちなみに、中国語でも同様らしく、「三、四个人」「七、八个人」と言うが、「九、一〇个人」とは言わないらしい。「一〇个人左右」と言う。ついでながら、ぼんやりした幅を示す場合に、日本語では「前後」だが中国語は「左右」というのもおもしろい。

一〇の倍数は「きりのいい数字」であって、二つの数字の中に並べられることにはならないのである。したがって、「一〇人前後」は「九人、一〇人、一一人」の三択の余地ができてしまう。

さて、「四、五万円」の場合は「四万五千円くらい」といった数値を入れることもできるのだが、「四、五人」では、ふつうは「四・五人」といった中間の値はない。しかし、「四、五人」が便利なのは、一人増やしたり減らしたりできるという点である。例えば、本当は四人しかいないのだが、まあ、五人くらいいてほしいな、と思うときに、

合格者は確か四、五人です。

などと言うことができる。「四人」であってもこの数は間違いではない。そして、ありがたいことに、ほんの少し数を多く示すことにもなっている。逆に、数を少なく見積もりたいときもある。例えばトラブルの数を報告する場合、

問題があったのは、四、五件にすぎません。

と、確か「五件」だったのだが、まあ、「四、五件」ということにしておこう、と考えて表現しても、間違いとまでは言えない。

このように、連続する数で概数を表す場合、話し手が多く見せたいと思っているのか、少なく見せたいと思っているのか、ということで微妙に表現を調整できる。不正確ながら、それを逆手にとったなかなか便利な表現とも言える。

（森山卓郎）

私

「今日のカラオケ代は全部私が払うと言った」――誰が払ったの？

日記に、次のように書いてあった場合を考えよう。

① 花子さんは、今日のカラオケ代は全部私が払うと言った。

下線部を考えた場合、カラオケ代を全部払うことになったのは、日記の書き手と花子さんのどちらだろうか。答えは、「どちらとも解釈できる」である。ここで注目したいのは、①が、「引用部＋ト＋述部」という構文（＝引用構文）をとっている点である。引用構文には、①のように、二つの解釈が可能な場合がある。一つは、引用部の言葉がリアルに写しとられているという解釈（＝直接話法）である。もう一つは、引用された言葉が、引用した人自身の視点に置き換えて表現されているという解釈（＝間接話法）である。冒頭の例文を直接話法と考えると、「私」は、花子が発したリアルな言葉の一部分となるため、花子を指すことになる。一方、間接話法と考えると、「私」は、書き手が自分の視点に置き換えたと考えられるため、書き手自身を指すことになる。

これに対して、次のような場合はどうだろうか。

② カオルは、今日のカラオケ代は全部私が払いますよと言った。

この場合、下線部は、カオルが発したリアルな言葉としか読み取ることができない。これは、「ます」「よ」が、話し相手が存在する場面でしか使えない要素だからである。

ここで、直接話法と間接話法の違いがよくわかる例を確認しておく。

③ａ 先生は、「この 本を 君に あげ ます よ」と言った。〈直接話法〉

ｂ 先生は、その 本を 僕に くれる とおっしゃった。〈間接話法〉

③では、次の要素について、話し手目線への書き換えが起こっている。発話環境で意味が変わる要素（「この／その」「君／僕」）、話し手の視点に依存する要素（「あげる／くれる」）、話し相手に対する態度を表す表現（「ます」「よ」の有無）である。

英語で直接話法・間接話法を表し分けるには、明確なルールが存在する。これに対して日本語では、①の「私」が誰を指すのかわからなかったように、直接話法・間接話法が見た目では同じ形式をとることがある。しかし、日本語でも話法の区別は確かに存在する。これ以外にも、書き言葉であればカギカッコをつける、話し言葉であれば声色を変えるなど、直接話法であることを表す方法がある。引用表現は、言葉を引き写すという特殊な表現である。

関連して、「引用には注意しろ、と先生がおっしゃった」も、「注意しろ」が先生の言葉そのままである場合と、「注意しなさい」などの言葉を「注意しろ」に言い換えている場合がある。いわゆる「情報操作」は、このように生じるのかもしれない。

（久賀 朝）

★藤田保幸『国語引用構文の研究』和泉書院　2000年

○○ている

「ご飯を食べています」　今はお腹がすいている？

「ご飯を食べている」という表現は、何を表すのだろうか。一見単純なように見えるが、実はとても複雑な問題である。例えば、次の会話を見てみよう。

① A：もしもし。今ちょっと話したいことがあるんだけど、時間ある？
B：今、ご飯を食べているから、あとでかけ直すね。君はご飯食べた？
A：僕はもう食べているよ。だから、いつ電話してもらっても大丈夫だよ。

Aさんの「食べている」は、前に「今」という副詞があることからもわかる通り、「まさにその動作をしている状態」すなわち〈進行中〉と考えるのが妥当だろう。これに対して、Bさんの「食べている」は〈進行中〉ではない。前に「もう」という副詞があることからもわかる通り、この場合は「すでにその動作が終了した状態」すなわち〈結果〉と考えられる。このように、「〜ている」には、〈進行中〉と〈結果〉の二つの基本的な用法がある。また、これ以外の派生的な用法として、次のようなものもある。

② ここ数週間、朝食にシリアルを食べている。〈反復〉

③　スマホの写真を見返すと、去年は誕生日に焼肉を食べている。〈経験〉

そもそも、「～ている」形を取るかどうか、また、「～ている」形を取った場合に〈進行中〉〈結果〉のどちらの解釈が優先されるかは、動詞の意味によるところが大きい。例えば、「ある」「いる」などの動詞は、「～ている」形を取らない。「優れる」「そびえる」などは、常に「～ている」形で使われる。「歩く」「書く」「開く」「届く」などは、それ単体でも、「～ている」形でも用いられる（もちろん、両者の間で意味は異なる）。その中でも、「歩く」「書く」は、動作に一定の時間を要するため、「～ている」形の場合は基本的に〈進行中〉を表す。これに対して、「開く」「届く」は、動作が一瞬で完結するため、「～ている」形の場合は基本的に「結果」を表す。なお、①の動詞「食べる」は、動作に一定の時間を要するとされる。そのため、「食べている」は基本的に〈進行中〉を表す。しかし、前にも述べた通り、一緒に用いられる語などによって、それ以外の意味を表す場合もある。興味深いのは、中四国方言など関西の周辺の方言ではこれらを表し分ける形式があるという点である。それは、④の「よる」系と「とる」系である。

④　a　ご飯を食べよる。〈進行中〉
　　b　ご飯を食べとる。〈結果〉

日本語の「～ている」形は、しばしば〈進行中〉だけを表すと思われる場合が多い。しかし実際は、母語話者は無意識のうちに多様な「～ている」形を使い分けている。

（久賀 朝）

★工藤真由美『現代日本語ムード・テンス・アスペクト論』ひつじ書房　2014年

○○と○○か○○？

「サラダとパスタかおにぎり」はどんなまとまり？

お昼休みを前に、友達が次のように言ったとしよう。

①サラダとパスタかおにぎりが食べたい。

これは、「と」が何と何を並列しているのかによって、二通りに解釈できる。わかりやすく、意味的にまとまっている部分を［　］で示す。

a ［サラダとパスタ］かおにぎりが食べたい。

b サラダと［パスタかおにぎり］が食べたい。

aは、「パスタセット」か「おにぎり単品」で迷っている、bは、野菜は必須で、主食をどちらにしようか迷っているという解釈である。このような曖昧《あいまい》性は、「たり」でも生じる。

②遊園地で遊んだりおいしいご飯を食べたりしました。

a ［遊園地で遊んだり］［おいしいご飯を食べたり］しました。

b 遊園地で［遊んだり］［おいしいご飯を食べたり］しました。

aは、ご飯を食べた場所は遊園地でなくても良いが、bは、ご飯を食べた場所は遊園地である。

ここまで見てきたような曖昧性は、いわば「どこで区切るかの違い」によって生じるものであった。これに類似するものとして、「どこを修飾するかの違い」によって生じる曖昧性がある。

③ 先週予約したCDを買った。

［先週予約したCD］を買った。／先週［予約したCDを買った］。

④ 先生は大声で騒ぐ生徒を叱った。

先生は［大声で騒ぐ生徒］を叱った。／先生は大声で［騒ぐ生徒を叱った］。

⑤ 太郎が大きな犬の絵を描いた。

太郎が大きな［犬の絵］を描いた。／太郎が［大きな犬］の絵を描いた。

①～⑤のような曖昧さは、あくまで要素の並べ方（文全体の構造）によって生じる曖昧さであって、要素そのものが意味的に曖昧であるわけではない。

この曖昧さを回避するには区切れ目を明確にする、要素を並べ替えるという二つの方法がある。

①′ サラダと、｜パスタかおにぎりが食べたい。

③′ 昨日、｜予約したCDを買った。／予約したCDを昨日｜買った。

⑤′ 太郎が犬の大きな｜絵を描いた。

このように、日本語における修飾表現・並列表現は、要素が三つ以上ある場合には、構造的な曖昧さを生じやすい。特に、それぞれの要素が長い場合は要注意である。（久賀 朝）

★中俣尚己『日本語並列表現の体系』ひつじ書房　2015年

○○ないで

微妙な意味の違い

例えば「休憩しないで働く」と言うとき、実は、微妙ながら、意味が二つある。一つは、「休憩するかわりに、働く」という意味で、もう一つは、「休憩しないようにしながら働く」という意味である。前者は少し切れる感じ、後者は修飾する感じだとも言える。意味を区別するのであれば、前者は「休むのではなく、働け」といった形が考えられる。後者の場合は、「休むことなく働け」といった形にすれば意味の区別ができる。

「ないで」に関しては、「なくて」「ずに」など、似た表現もある。①〜④の「　」には、それぞれ使い分けがある。

まず、動詞以外につく場合、「なくて」でなくてはいけない。同じように見える「ない」でも、「いらない」なら助動詞、「ほしくない」なら（補助）形容詞である。「寒く＋ない」は形容詞につく「ない」で、品詞上は形容詞である。その点で、①に入るのは「なく（形容詞）＋て」だ。

②〜④のように、動詞につく場合（助動詞の「ない」の場合）、「ないで、なくて、ずに」の三つの場合があり得る。このうち、「ないで」は後ろがあまり切れない結びつきである。「見〔ないで・

×なくて・×ずに｝くれ」のように、一体化して「てくれる」などの補助動詞が続く場合は、「ないで」しか使えない。その点で、②には「ないで」が入る。

③の場合、あまり切れない結びつきだが、これにも二通りの場合がある。「手本を見ないで書く」は、「手本を見ないという状態」で書く、というように、後ろの動詞の様子を修飾する。この用法では「手本を見ずに書く」のようにも言える（「手本を見ず書く」は落ち着きが悪い）。

①寒く［　］助かった
②見［　］くれ
③手本を見［　］書く
④店が開いていい［　］
　買えない

一方、「ないで」にはもう一つ、「東京へ行かないで京都に行く」、というような用法がある。「○○のかわりに」という意味である。この場合、微妙な違いだが、「東京へ行かず（に）、京都に行く」のように「ず、」「ずに」も使える（「ずに」でも使えるという人はある）。

では、④の助動詞の「なくて」の形は、どうだろうか。これは後ろが少し切れる用法である。並べて述べたり、原因や「ては」で仮定を表したりする場合などに使われる。様子を修飾する場合は「洗わ｛ないで・ずに・×なくて｝食べる」のように「なくて」は使えない。

そのため、「そのことを｛知らないで・知らなくて｝行ってしまった」は少しニュアンスが違うことになる。「ないで」は「知らない状態で」、「なくて」だと「知らないことが原因で」という感じになるのではないだろうか。「ない＋て」には立ち止まらなくては。

（森山卓郎）

○○は○○です

トートロジーは何も言っていないようで、何かを言っている？

何も意味のあることは言っていないようで、実はそれなりに大事なメッセージとなることがあるのが、自同表現すなわちトートロジー。例えば、「時間は時間です」のように言う場合、言っている中身は常に正しいこととして成立する。その点で、それ自体の「意味」はないとも言える。しかし、例えば、書類の提出に一分だけ遅れて、何とか受理してほしいと頼んだとする。その場合、受理を拒否した側がこう言うのであれば意味がある。間違ったことではないので、説得力がある。たとえ一分の遅れであっても「時間は時間だ」として、揺るがないということを述べることになる。もっとも、続き方もさまざま。「時間は時間です。ですが、事情はわかります。今回に限って受理しましょう」のような使い方もできる。何とありがたい曖昧《あいまい》さか。

私たちの日常生活では、解釈の揺らぎとでも言うべきものを経験するときがある。言葉の意味は常に厳格に解釈されているわけではないのだ。そうした解釈の揺らぎがないということを明らかにするという用法もあれば、「時間は時間、事情は事情です」のように「それとこれとは違う」という方向で区別する用法もある。

例えば、「お前はお前だ。俺は俺だ」なども同様で、「お前も俺も同じかもしれない」という揺らぎを否定して、違うということを強調することになっている。トートロジーは文脈に応じていろいろな「意味」を持つことができる。「つきあいって、どういうことよ!?」と言われて、「つきあいは……つきあいだよ」というように、あえて内容を答えるのを避けてごまかすような場合もある。「たしかに、それはそうだね」のように相手の言うことを追認する場合も使える。「読んだことは読んだ」のような表現もある（「ないものはない」↓120ページ参照）。

なお、「○○が○○だ」のような場合は、○○がある意味で「異常」という意味になる。「時間が時間だ」は、もう遅いとか、「時間において問題がある」といったとらえ方となる。「時間」のような語は「それがどんなものか」というように何らかの内容があり得る言葉で、その中身に異常性（問題）があるというとらえ方になる（だから、「相手が相手だ」などと言えても、「×七時が七時だ」「×君が君だ」などとはふつう言わない）。

これが「ほかにもある」というとらえ方になると、「も」になる。「時間も時間だ」も異常性や問題があるという取り上げ方である（「×七時も七時だ」はやはり言えない。ただし「君も君だ」は言える）。曖昧なことは曖昧だが、やはり主張は主張であり、一応これも便利なことは便利な表現と言えるのである。

（森山卓郎）

○○や○○

「老人と海」はあるけれど「老人や海」はちょっと変？

「新年会では、日本酒とビールを飲んだ」「新年会では、日本酒やビールを飲んだ」では違いがある。「と」の場合「日本酒、ビール」だけ。これに対して、もし「や」を使って「日本酒やビールを飲んだ」と言えば、ほかのもの、例えば、酎ハイなども飲んでいる可能性がある。「や」の場合は、意味がぼんやりする可能性がある。「同類の仲間があって、その例として、二つ以上のものをつなげて示す」といった意味なのである。

映画や小説、音楽のタイトルとして考える場合、「月光とピエロ」「老人と海」のように「と」はタイトルになる。いわば強力な接着剤で、無関係なものでも構わない。異質なものを結合させて、そこに一つの世界を構成することができる。しかし、「や」を使う場合、そもそも同類でないといけないので、「月光やピエロ」「老人や海」などではわけがわからない。「や」ではタイトルにもならないのである。逆に、「や」はそれだけを示すわけではなく、例を示すような感じなっているので、同類が想像できる。例えば、「紅葉」という歌の「赤や黄色の」ならば例えば茶色や橙色なども想像できる。この「ぼんやり」性はとても効果的だ。

なお、「や」には、「か」に似た用法もある。例えば、「汚れは水やお湯で洗い流して下さい」などという場合、「水、お湯、そして、そのほか」全部を使って洗い流すこともあるが、「水」だけ、あるいは「お湯」だけでもよい。「水かお湯で」と近いとも言える。

では、「や」はどういう場合に「か」に近くなるのか。これには、使われる文の意味が関連している。おもしろいことに、先の例文の文末を「洗い流した」として、「私は汚れを水やお湯で洗い流した」のように文にすると、「水、お湯、（そしてさらにそのほかのものも）で洗い流した」といった意味になる。現実として成立した内容の場合、例として複数を挙げる以上、要素として、「水、お湯、そして、そのほか」は基本的に含まれると考えて良さそうだ。一方、命令文などまだ確定していないような述べ方をする文で使われる場合、列挙された要素はあくまで一例にすぎず、挙げられた例の一部はキャンセルできる。列挙されているのは「まとまりの集合」の中の代表的な例でしかないからである。もっとも「か」はいずれか一つということを強く表すので、「ウイスキーかブランデーが飲みたい」と「ウイスキーやブランデーが飲みたい」とは違う。「や」の場合、ぼんやりと「そういう仲間」ということを表すのである。

and・or のいずれでもない、少しぼんやりしていて、だからこそ便利な「や」。「や」は、そこに挙げたもの以外のものも想像してもらえる。使用文脈によっては、どちらかでも良いということもある。誠に便利な助詞である。

（森山卓郎）

★森山卓郎「『と』『や』の違いをどう説明するか」『京都教育大学国文学会誌』32 2005年

【参考資料】

コーパス…言語の実態を過不足なく反映させるべく計画的に収集した大規模な言語データ。言語研究用の付加情報を付与してコンピュータで検索する。

日本語の主なコーパス　https://clrd.ninjal.ac.jp/index.html

・『日本語話し言葉コーパス』(Corpus of Spontaneous Japanese : CSJ)

国立国語研究所・情報通信研究機構（旧通信総合研究所）・東京工業大学の共同開発

日本語の自発音声を大量にあつめて多くの研究用情報を付加したデータベース。

・『現代日本語書き言葉均衡コーパス』（BCCWJ）　国立国語研究所

現代日本語の書き言葉の全体像を把握するために構築したコーパスであり、現在、日本語について入手可能な唯一の均衡コーパス。書籍全般、雑誌全般、新聞、白書、ブログ、ネット掲示板、教科書、法律などのジャンルにまたがって一億四三〇〇万語のデータを格納しており、各ジャンルについて無作為にサンプルを抽出している。

ジャパンナレッジ…オンラインの辞典・事典検索サイト。

https://japanknowledge.com

『日本国語大辞典（第二版）』、『デジタル大辞泉』など七〇種以上の辞書・事典や書籍を収録している。「知りたいこと」に到達するためのデータベース。日本語や歴史を深く掘り下げて知識を得られる辞典から、英語ほか各外国語辞書や叢書まで、項目の一括検索が可能。

【参考文献】

芳賀綏・佐々木瑞枝・門倉正美著『あいまい語辞典』　東京堂出版　一九九六年

あとがき

あいまい語・ぼんやり語という見方で言葉を見直すとき、私たちの言葉がいかに「曖昧・ぼんやり」しているかということに改めて思い至ります。当たり前すぎるので項目には入れなかったのですが、例えば「ご飯」という言葉には「お米を炊いたもの」と「食事」という二つの意味があります。「鳥」という言葉も、いろいろな「鳥」を含んでいて、雀、鶏、というように、その言葉から想像する「鳥」は人それぞれですし、その文脈にも左右されます。「美しい水車小屋の娘」のように係り受け関係によるものも含めて、本来、私たちが日常使う言葉とは、多かれ少なかれ、曖昧だったりぼんやりしていたりすることが多いものなのです。

もちろん、「悔しいから泣かなかった」と「悔しいから泣いたのではない」のように、ちゃんと表現の使い分けをすることもあります。本書でも取り上げたように、さまざまな言い換えをすることで誤解をなくすことも重要です。例えば文字で書かれた「いいよ」の意味をどう解釈するか（良いという評価か、不要だという意味か、など）というように、どういう点に注意する必要があるかということも大切なはずです。ぜひ本書を参考にして、コミュニケーションの交通事故を未然に防いで頂きたいと思います。

さらに、逆に、言葉が「曖昧・ぼんやり」であるからこそ便利ということも大切にしていきたいと思います。例えば駅員さんはいつも「まもなく電車が参ります」を「何秒後に電車が参ります」というように常に厳密に言うことはできないでしょうし、仮に言えたとしてもまことに不便です。一定の「相場」はあるものの、言葉における「曖昧・ぼんやり」の良さもさらに活用して頂ければと思います。例えば「行けたら行く」という表現も、曖昧であることで、対人関係をなめらかにすることに役立っていると言えます。

最後になってしまいましたが、本書の企画・編集・出版において、東京堂出版編集部の上田京子氏には大変お世話になりました。また、本文をご執筆頂いた方々、楽しいイラストを描いて下さった浅生ハルミン様はじめ、本書にかかわるすべての方々、そして、ここまで読んで下さった読者の方々に、深い感謝を捧げます。この感謝の思いは決して「曖昧」なものでも「ぼんやり」としたものでありません。本当にありがとうございました。

二〇二二年　春

森山 卓郎

キーワード索引

【ま行】

【や行】

【ら行】

【わ】

【な行】

【は行】

【さ行】

【た行】

語句索引

◉あいまい語、ぼんやり語、はっきりさせるための置き換え語など

【あ行】

【か行】

執筆者一覧（五十音順）＊執筆担当項目は各項目末尾を参照

石川　創（いしかわ そう）駒沢女子大学人間総合学群人間文化学類・准教授

石出靖雄（いしで やすお）明治大学商学部・教授

市村太郎（いちむら たろう）京都府立大学文学部・准教授

大塚みさ（おおつか みさ）実践女子大学短期大学部・教授

加藤大鶴（かとう だいかく）跡見学園女子大学文学部・教授

苅宿紀子（かりやど のりこ）和光大学表現学部・准教授

川端元子（かわばた もとこ）愛知工業大学基礎教育センター・教授

久賀　朝（くが はじめ）早稲田大学 大学院文学研究科 日本語日本文学コース博士後期課程

中俣尚己（なかまた なおき）大阪大学国際教育交流センター・准教授

中山英治（なかやま えいじ）大阪産業大学国際学部国際学科・准教授

増地ひとみ（ますじ ひとみ）追手門学院大学共通教育機構・講師

森山卓郎（もりやま たくろう）早稲田大学文学学術院・教授

渡辺由貴（わたなべ ゆき）名古屋女子大学文学部・准教授

◉**編者紹介**

森山卓郎（もりやま・たくろう）

一九六〇（昭和三五）年 京都生
早稲田大学文学学術院教授・京都教育大学名誉教授。
大阪大学大学院文学研究科博士後期課程国文学専攻修了（学術博士）。
国語教科書編集委員

著書等
『日本語動詞述語文の研究』明治書院、『ここからはじまる日本文法』ひつじ書房、『コミュニケーションの日本語』岩波ジュニア新書、『日本語の〈書き方〉』（同）、『表現を味わうための日本語文法』岩波書店、『モダリティ』（共著・同）『明解日本語学辞典』（共編著・三省堂）など。監修に『旺文社標準国語辞典』旺文社など。

あいまい・ぼんやり語辞典

二〇二二年六月三〇日　初版印刷
二〇二二年七月一〇日　初版発行

編　者　森山卓郎
発行者　郷田孝之
発行所　株式会社東京堂出版
〒一〇一-〇〇五一
東京都千代田区神田神保町一-一七
電話　〇三-三二三三-三七四一
http://www.tokyodoshuppan.com/

DTP　有限会社一企画
印刷製本　中央精版印刷株式会社
ブックデザイン　志岐デザイン事務所　黒田陽子
イラスト　浅生ハルミン

ISBN978-4-490-10933-7 C0581

JASRAC 出 2204355-201

読んでくれてどうも!!
じゃあ、またね